L'ENVIRONNEMENT JURIDIQUE DE LA SANCTION PÉNALE DANS L'ÉGLISE

Religions et Spiritualité

fondée par Richard Moreau,
Professeur émérite à l'Université de Paris XII
dirigée par Gilles-Marie Moreau

La collection "Religions et Spiritualité" est généraliste et publie des ouvrages qui concernent tous les grands courants religieux : christianisme (catholicisme, orthodoxie, protestantisme), mais aussi bouddhisme, islam, judaïsme...

Elle couvre différentes disciplines : théologie, histoire, spiritualité, droit canon, essais et témoignages.

À travers la multiplicité des approches et des styles, elle souhaite étudier le fait religieux aussi bien sur le temps long qu'autour des débats les plus actuels.

Dernières parutions

Thibault DE VALROGER, *Conversation sur la Foi,* 2023.
François BATUAFE NGOLE, *Évangiles synoptiques. Introduction à la lecture scientifique*, 2023.
Gloria Youssef DOUAIHY, *Sexualité et vie consacrée*, 2023.
Daniel REIVAX, *Raoul Allier (1862-1939). Une voix du protestantisme au début du XXe siècle*, 2023.
Michel SIMION, *Par la mort Il a vaincu la mort*, 2023.
René HUMETZ, *Enquête sur les paroles de la Vierge Marie*, 2023.
Gabriele PALASCIANO, *Joseph Ratzinger et l'histoire de la théologie. Analyse et herméneutique des recherches patristiques des années 1950*, 2023.
Marina COPSIDAS, *À la rencontre de la Vie éternelle*, 2023.
Philippe PELLET, *L'ordre moral inversé. Le naufrage des droits de l'homme en Europe*, 2023.
Augustin BABOLOMA MABANGA, *Economie et religion : une relation équivoque,* 2023.

Paul Frédéric Lombo Okoko

L'ENVIRONNEMENT JURIDIQUE DE LA SANCTION PÉNALE DANS L'ÉGLISE

Préface de Pius Kalama Muakaji

L'Harmattan

5-7, rue de l'École polytechnique, 75005 Paris

www.harmattan.fr

ISBN : 978-2-336-41197-2
EAN : 9782336411972

« Quand elle doit in extremis se résoudre de ''punir'', l'Église cherche ce qu'elle ne peut désespérer de trouver, à savoir la conversion de l'auteur du délit. Dans une kénose semblable à celle de son Maître et Seigneur, elle ne peut que se dessaisir de toute prétention d'y parvenir, car il y a toujours la liberté de l'être humain… »

Alphonse Borras

DÉDICACE

À ma tendre et charmante mère Elisabeth OSHIMBE SENGA dont l'amour rythme toutes les séquences de ma vie et dont la proximité n'a jamais pâti dans les impasses et les hélas de l'existence.

REMERCIEMENTS

Ce travail est le retombé d'une synergie d'énergies diverses, une déclinaison de l'une ou l'autre facette d'apports gracieux et d'efforts laborieux.

À cet effet, Il est impérieux que notre reconnaissance au Seigneur soit portée au pinacle, dans une liturgie solennelle de gratitude. Mais hélas, l'aphasie locutionnaire reste impitoyable à tout effort humain d'exprimer exhaustivement la gratitude au dispensateur de la santé tant intellectuelle, spirituelle que physique. Que soit à jamais loué le Seigneur qui nous a généreusement gracié de tous les atouts pour mener à bon port cette rédaction qui facilitera un usage juste du droit pénal de l'Église, pour le salut des âmes.

Notre reconnaissance est vive à la famille qui ne cesse de nous soutenir dans l'exercice du ministère sacerdotal, à la révérende sœur Angèle Osako Okoko, toujours prompte dans son devoir d'ainesse.

Une pensée spéciale à Son Excellence Monseigneur Vincent TSHOMBA SHAMBA KOTSHO, Évêque de Tshumbe, dont les encouragements à approfondir le droit canonique ne cessent de booster notre engagement à découvrir dans le droit un précieux instrument dont dispose l'Église pour assurer son devoir-être et conduire les âmes au salut.

Le nom de l'éminent professeur Marcel NDJONDJO NDULA K'ASHA ne saurait se dérober de la partition cette déclinaison de gratitude. La substance des investigations qui arpentent ce livre sur l'environnement juridique de la sanction pénale a bénéficié de l'expertise de son encadrement. Hyper sollicité et malgré sa casquette de Consulteur du Conseil Pontifical pour les Textes Législatifs, vicaire judiciaire de l'archidiocèse de Kinshasa, il n'a ménagé ni son temps ni son expertise en droit canonique pour nous orienter dans cette recherche. Qu'il trouve par nos mots l'expression de notre immense gratitude.

Nous remercions l'abbé Pius KALAMA MUKAJI, Docteur en droit canonique, professeur à l'Université Catholique du Congo, ancien vicaire judiciaire du diocèse de MBUJIMAYI en République Démocratique du Congo, secrétaire actuel de la commission épiscopale pour les affaires juridiques de la Conférence Épiscopale Nationale du Congo (CENCO). Sa lecture de notre manuscrit et sa disponibilité à préfacer ce travail nous ont été un atout inestimable pour nous conformer aux exigences de la maison d'édition.

Nous reconnaissons le précieux apport de l'abbé André WATO LONGAYO, chercheur en philosophie à l'Institut Catholique de Paris et le magistrat Franck LOHONGA ODIEKILA qui ont accepté de veiller à justesse de l'expression française de notre manuscrit.

Kinshasa (R.D. Congo), le 12/07/2032
Paul Frédéric Lombo Okoko

PRÉFACE

Le droit canonique pénal est une branche de la discipline de l'Église qui généralement fait peur et semble à première vue contradictoire avec la mission de l'Église. L'application de la sanction dans l'Église est toujours négativement perçue.

La contribution de l'auteur de cet ouvrage intitulé « l'environnement juridique de la sanction pénale. Communauté, victime, délinquant », est un apport on ne peut plus important dans la mesure où l'auteur clarifie en explicitant, dans un style coulant et clair les dimensions pastoro-pédagogique, sociétale et théologale de la sanction pénale. La description de l'environnement juridique qui tire ses racines dans la tradition et les Saintes Écritures atténue et dissipe la conception négative de la sanction pénale dans l'Église.

La sanction pénale crée dans la société ecclésiale un ordre qui promeut l'amour, la grâce et le charisme et instaure l'épanouissement dans la vie des personnes qui en font partie. Elle devient ainsi un instrument indispensable pour assurer l'ordre dans la vie individuelle et sociale de l'activité de l'Église et ce, dans le respect du régime de l'application des peines lorsque tous les moyens de sollicitude sont épuisés. C'est dans le respect de l'épuisement de tous les moyens pastoraux, avant d'appliquer la sanction proprement dite par l'autorité compétente que la sanction pénale devient un service de la vertu évangélique de la charité et la communion.

Dans le même ordre d'idée, la charité inhérente à la sanction pénale possède une orientation tripolaire qui implique la communauté, la victime et le délinquant et restaure en dernier essor l'harmonie ecclésiale. À ce niveau notons que la sanction ecclésiale de nature corrective et réparatrice aide le délinquant à revenir dans la pleine communion ecclésiale qui est fragilisée et réduite par la commission des délits. La sanction pénale devient ainsi un médicament de préservation de l'unité et la communion ecclésiale. Cette corrélation entre la sanction infligée à un délinquant et la communauté ecclésiale où il vit qui restaure l'harmonie sociétale est pédagogique pour tous les autres fidèles, dans la mesure où dans une famille de libre adhésion comme l'Église, c'est par les encouragements, les monitions, les réprimandes, la confiance et surtout la sanction pénale que s'édifie la communauté ecclésiale et que se réalise la participation de tous les fidèles selon la diversité des charismes et des ministères.
La sanction pénale dans sa fonction réparatrice et salvatrice, recherche surtout le bien des fidèles, pour lesquels elle est un moyen positif pour la réalisation du Royaume, la reconstruction de la justice dans la communauté des fidèles appelés à la sanctification personnelle et commune. La sanction concourt aussi à la normalisation des relations interpersonnelles dans la communauté ecclésiale, lorsqu'elle débouche sur l'amendement du délinquant et la réparation du scandale.

Il sied de souligner que l'accumulation d'actes délictueux non sanctionnés dans une communauté prépare le lit à l'incorrigibilité, encourage le scandale et plonge la communauté dans la confusion entre le bien à vivre et les actes répréhensibles à éviter. La sanction infligée en cas de délit et lorsque les circonstances l'exigent est une réprobation de l'incorrigibilité et une élimination de la confusion dans l'Église.

Le rétablissement de la justice par la contrainte exercée comme privation vise à sauvegarder, protéger ou défendre les valeurs que l'Église tient à promouvoir, ce qui fait que l'application de la sanction qui rétablit la justice, répare le scandale et amène le coupable à s'amender, devient une nécessité pour le pasteur de sorte que celui qui la néglige ne remplit pas correctement sa fonction.

En définitive, la sanction pénale reste dans l'Église un service de charité, à la communauté scandalisée par les méfaits du délit, à la victime qui a besoin de la reconnaissance qui prenne en compte sa douleur et le pansement de ses blessures, à l'auteur du délit qui a besoin du salut, de la charité de la communauté et de sa dignité d'enfant de Dieu que le délit entame.

Ce sont ces considérations très pertinentes que l'auteur de l'ouvrage explique dans les pages qui suivent en démontrant l'importance que le magistère accorde à la sanction pénale à travers la réforme du Livre VI du CIC consacré au droit pénal de l'Église.

Je recommande vivement à ceux qui désirent maitriser l'environnement de la sanction pénale dans l'Église à accueillir cet ouvrage sur les rayons de leur bibliothèque.

Kinshasa (R.D. CONGO), le 12/07/203

Pius **KALAMA MUKAJI**,
Professeur à L'Université Catholique du Congo
Faculté de Droit Canonique
Secrétaire de la Commission épiscopale
pour les affaires juridiques
Conférence épiscopale nationale du Congo (CENC0).

SIGLES ET ABRÉVIATIONS

AAS : Acta Apostolicae sedis
Can : Canon
CC : Canons
CCEO : Code de droit canonique des églises orientales
CRR : Commission de Reconnaissance et Réparation
CIC/17 : Code de droit canonique de 1917
CIC/83 : Code de droit canonique de 1983
Dir : Directeur
LG : Lumen Gentium

INTRODUCTION

Depuis le concile Vatican II et la promulgation du *Codex Iuris Canonici* de 1983, l'Église vit un regain de vitalité canonique au terme des années de léthargie connexe à la crise d'efficience du code pio-bénédictin.
Ce fignolage de l'ordonnancement canonique en perpétuel devenir ne va pas sans soulever des problématiques fondamentales telles que l'épistémologie de la science canonique qui fit appel à des écoles qui prônèrent soit la théologisation soit la dé-théologisation, soit la dé-juridisation du droit canonique proposée par la revue *Concilium*[1]. Il se posa également le problème de la pertinence d'une norme pénale dans une société ecclésiale censée être charismatique. Outre ce qui précède, il importe d'ajouter la persistance de l'épineuse question de l'adaptation des lois ecclésiales aux circonstances changeantes des époques et des situations dans l'Église.

À bien des égards, l'Église est plongée dans une phase éminemment herméneutique de la loi canonique dans laquelle la recherche d'une efficience de la norme pénale est devenue primordiale afin de parer à la crise de l'application de son droit et de répondre aux nouveaux défis auxquels elle est confrontée, notamment ceux de la pédocriminalité, de la pédopornographie, de la malversation financière, de l'attentat à l'ordination des femmes, …

En effet, la déclaration ou l'imposition des peines, qu'elles soient *latae sententiae* ou *ferendae sentetiae*, suscite des interrogations autant fondamentales que complexes. Comment élucider, dans ce contexte,

---

[1] E. CORECCO, *Théologie et droit canon. Ecrits pour une nouvelle théorie générale du droit canon*, Editions universitaires, Fribourg 1990, p.74.

l'interrogation sur le rapport entre la peine et la miséricorde dont l'Église est porte étendard dans sa mission évangélisatrice bimillénaire ?

À en croire Rudolph SOHM, le concept Droit ne rime pas avec l'essence de l'Église qui est charismatique. Car, le droit doit être fondé sur le consensus et la charité, non sur le caractère contraignant.[2] L'Église doit-elle concéder la fonction de l'imposition de la sanction au pouvoir étatique et se dessaisir des critères même de son unité ? L'épisode évangélique de la femme adultère pardonnée par Jésus (Jn 8, 1-11) offre peut-être un exemple aisé à intégrer pour les juridictions ecclésiastiques.

Dans ce contexte, certains ne reconnaissent à l'Église qu'une essence charismatique en lui déniant la possibilité d'exercer une activité juridique ; d'autres lui reconnaissent un caractère juridique lié à sa structure sacramentelle. Cette juridicité reconnue à l'Église suscite des questions pertinentes sur ce qui environne la sanction pénale. Les avis sont marqués par une disparité qui interpelle les canonistes sur ce qui se passe avant la sanction pénale et ce qui advient à l'issu de la sanction pénale canonique.

Eu égard à ce qui précède, il devient indispensable d'investiguer sur l'environnement juridique de la sanction pénale, son sens, ce qu'elle apporte à la communauté, à la victime de l'acte délictueux et au délinquant.

Dans ce travail, nous analyserons principalement le canon 1311, paragraphes 1 et2, considéré comme le liminaire de tout le livre VI. Il élucide tant soit peu les zones d'ombre sur la problématique de l'applicabilité de la norme pénale canonique.

À la lumière du canon susmentionné, nous étayerons que la sanction pénale dans l'Église n'est pas le fruit d'un acte émotionnel mais un acte de charité qui vient seconder *in extremis* les efforts des moyens pastoraux et

---

[2] *Ibid.*, p.58.

semi-pénaux d'amender le coupable, rétablir la justice et réparer les dommages. La sanction est un moyen de rétablir la dignité du délinquant et réintégrer la communion ; c'est aussi un moyen de monstration de la charité envers la communauté et la victime du délit.

La sanction pénale est substantielle et ontologique à l'Église. Elle s'exerce sur des matières religieuses et se développe comme une nécessité à la fois interne et externe. En tant que nécessité interne, elle répond à la charge des pasteurs et supérieurs des communautés individuelles de veiller à l'unité de l'Église. Dans son angle externe, l'Église ne saurait confier le maintien de son unité, en tant que société ayant des finalités définies, aux instances séculières. Pour reprendre l'expression de BORRAS, « l'Église doit sans cesse se purifier pour être ce qu'elle doit être : le sacrement de salut ».[3] Et la sanction pénale en contribue énormément, lorsque, ayant épuisé les moyens pastoraux, le supérieur légitime sanctionne le délinquant. La sanction pénale est ainsi une exigence de charité et le tremplin de la promotion de la communion ecclésiale.

La sanction pénale est un moyen indispensable dans la *munus regendi*. Son environnement intègre certains préalables appelés moyens pastoraux, remèdes semi-pénaux qui, appliqués légitimement, urgent l'application de la sanction pénale à l'issue d'un procès contentieux, pénal ou administratif, pour assurer avec sollicitude pastorale, l'exigence de la charité et de la communion ecclésiale.

La sanction est un mode d'expression de la charité tripolaire de l'Église :la charité manifestée à la communauté, à la victime et au délinquant.

Par ailleurs, la réforme ou mieux l'aggiornamento du livre VI par le Pape François a suscité des remous dans les milieux ecclésiaux ces dernières années, avec la vague

---

[3] A. BORRAS, *Les sanctions dans l'Eglise. Commentaire des canons 1311-1399*, Editions Tardy, Paris, 1990, p.115.

d'excommunications et pertes d'état clérical observées dans divers diocèses de l'Église universelle. Car la dimension tripolaire de la charité en œuvre dans la sanction pénale semble peu perceptible et la pertinence de la peine dans l'Église semble rebutée.

Dans ce contexte de mésintelligence du bien-fondé de la sanction, les interrogations fusent sur les contours du pouvoir pénal. Certains chrétiens sont perplexes et demeurent désireux de comprendre si les évêques et juges ecclésiaux agissent encore comme des pasteurs ou plutôt comme juges sans justice.

Cette recherche focalisée sur le premier canon du livre VI permettra de comprendre et justifier la rigueur et la précision du législateur du livre VI de 2021. La rigueur s'exprime à travers la présentation de plus en plus exacte des délits ; la précision quant à elle est remarquable dans la prévision des peines pour chaque délit. BORRAS trouve en cela une sévérité et une rigueur qu'il qualifie « d'effet balancier »[4].

La sanction pénale s'applique avec équité canonique dans la visée de la *salus animarum* qui, selon le canon 1752 du *Codex Iuris Canonici* de 1983, est la *suprema lex in Ecclesia.* Après avoir épuisé tous les moyens pastoraux, l'application de la sanction n'est plus un pouvoir (cfr *justa poena puniatur* ou *potest punire* du code de 1983), mais un devoir (*debet punire, promovere debet*) requis à l'ordinaire comme service de charité.

Nous aborderons d'abord la question du contexte historique du canon 1311 qui, récemment, s'est vu enrichi en extension par l'ajout du second paragraphe sur lequel se penchera la majeure partie de notre recherche. La meilleure façon d'appréhender l'environnement juridique de la sanction pénale consiste à interroger le visage diachronique

---

[4] A. BORRAS, *Un nouveau droit pénal canonique ?* dans « Nouvelle Revue Théologique » 43 (2021), p.645.

de ce canon. Nous considérerons l'aspect pénal vétéro-testamentaire, néo-testament ainsi que le perfectionnement de la norme jusqu'à l'ordonnancement canonique unique, authentique, universelle.

Ensuite, nous décrirons l'environnement pré-pénal. Il s'agira d'analyser ce qui caractérise la sollicitude pastorale de l'ordinaire avant la sanction pénale. Nous expliquerons les moyens pastoraux et remèdes quasi-pénaux indispensables avant la sanction pénale et nous relèverons, brièvement, quelque sanctions pénales mis en exergue par le législateur du livre VI de 2021, qui peuvent être encourues lorsque les moyens de la sollicitude pastorale ont été légitimement usés pour éviter la sanction pénale.

Enfin, nous traiterons de la sanction pénale comme exigence de charité et de communion. Nous exposerons, conformément au canon 1311, la compétence d'application de la sanction pénale, quelques retombés de son application dans la communauté ecclésiale, pour le délinquant et la victime.

CHAPITRE I :

CONTEXTE HISTORIQUE DU CANON 1311

Considérations introductives

Le canon 1311 est le premier et le liminaire du livre VI du code de droit canonique en vigueur. Signée par le Souverain pontife François le 23 mai 2021, en la fête de la Pentecôte, la Constitution apostolique *Pascite Gregem Dei* est le document par lequel le Pape a réformé le livre VI du code de droit canonique promulgué en 1983.

Pour ce faire, le canon 1311 connait un contexte historique particulier marqué par un processus d'enrichissement dans sa lettre et sa *ratio legis*. Ainsi, à l'issue d'une rapide élucidation conceptuelle et l'exposition de quelques considérations sur l'expression sanction pénale nous présenterons brièvement l'évolution historique de la sanction pénale avant le code de droit canonique de 1917. Cette étude diachronique du canon 1311, nous la continuerons dans le Code pio-bénédictin au livre VI promulgué par le Pape François.

Art.1. DEFINITION DE LA SANCTION ET LE FONDEMENT DE L'INTERVENTION PÉNALE DE L'EGLISE

1.1. La sanction pénale

D'une étymologie latine, le mot sanction dérive de « Sanctio » qui signifie sanction, peine, punition, terme dérivé lui aussi de *Sancire* signifiant rendre irrévocable, interdire sous peine de, punir. Le mot peut signifier soit l'approbation officielle donnée par une autorité à une disposition légale (approbation, confirmation, consécration, ratification), soit une peine conséquence naturelle d'un acte posé.

La sanction pénale, du latin « poena», peine, est une condamnation infligée à quelqu'un par une juridiction pénale.[5] Une sanction est une peine ou une récompense prévue pour assurer l'observation d'une loi, l'exécution d'une mesure réglementaire, d'un contrat.

Dans le cadre de cette étude, la sanction est comprise comme peine. Cependant, il sied de comprendre le sens de la peine dans l'Église. Elle répond, en effet, dans une perspective de justice commutative, à l'acte d'une volonté libre qui est moralement mauvais.

D'après le canon 2215 du code de 1917, les peines canoniques sont des mesures privatives : les peines de l'Église privent de certains biens spirituels, de l'exercice de certains biens spirituels ou l'exercice de certains droits subjectifs.[6]

Dans l'Église, la peine n'est pas une punition, un châtiment ou une mesure répressive. La répression est appréhendée dans un sens utilitariste en contexte moderne. C'est-à-dire, elle est proportionnée au dommage causé et la peine doit correspondre de façon utile au maintien de l'ordre social. D'où son rôle dissuasif par le moyen de l'intimidation pour que le délinquant ne récidive guère et que les autres membres de la société ne tombent pas dans le même délit.

Dans l'Église, la peine se définit par la visée corrective (peines médicinales) et réparatrice (peines

---

[5] *Dictionnaire de politique, toupie dictionnaire*, www.toupie.org consulté le 05 mars à 15h49.

[6] *Codex Iuris Canonici*, Pii X Pontificis maximi Iussu, disgestus BENEDICTI XV autoritate promulgatus, 27 mai 1917, In AA IX (1917), Pars II, p.435.

expiatoires). Corriger l'auteur et réparer son délit constituent, à des degrés variables, ce qui définit la sanction ou la peine dans l'Église.

Tout bien pesé, la sanction dans l'Église est plurivoque. Dans le sens du livre VI du code de droit canonique, elle désigne la peine ou la punition établie par la loi pour réprimer un acte accompli contre la loi. Au sens strict, la sanction pénale comprend les peines médicinales et les peines expiatoires : elle est sans conteste synonyme de peine (cf. cc.1311 et 1312, §1). Au sens large, c'est-à-dire celui de l'intitulé du livre VI, *Les sanctions pénales dans l'Église,* le concept sanction en vient à englober les peines et ce que le législateur lui-même appelle « les autres punitions » (Titre IV de la première partie avant le canon 1331), à savoir les remèdes pénaux et les pénitences (cc.1339-1340). La sanction peut enfin désigner la compensation, la réparation, la restitution voire l'annulation d'un acte. Pour Borras, le code n'use pas la sanction dans ce dernier sens ; mais cette appellation peut s'appliquer à des mesures disciplinaires et administratives.[7]

1.2. Origine et fondement de la sanction pénale

Le canon 1311 consacre un principe issu du droit ecclésiastique public préconciliaire à savoir : « L'Église a le droit inné et propre de contraindre par des sanctions pénales les fidèles délinquants… ».[8] En tant que société indépendante et autonome, disposant de sa fin propre, le salut des âmes, créer les lois et appliquer la sanction est parmi les moyens qui concourent à atteindre cette fin. La sanction pénale est ainsi liée à la nature même de l'Église

---

[7] A. BORRAS, *Les sanctions dans l'Eglise. Commentaire des canons 1311-1399*, Tardy, Paris, 1990, p.49.

[8] *CODE DE DROIT CANONIQUE DE 1983, bilingue et annoté*, 4è édition, wilson & Lafleur, Montréal 2018.

et à sa mission. Dans sa dimension corrective et réparatrice, elle trouve son fondement dans les textes vétérotestamentaires voire néotestamentaires.
Dieu châtie son peuple non pour le punir mais pour le corriger, rétablir l'ordre dans la communauté et promouvoir la communion divine.

En effet, le lien entre l'Église et la justice pénale est aussi à trouver dans la dimension historique et sociologique de la peine.

Dans les codes mésopotamiens de la Haute Antiquité et dans certains pays, y compris au XIXe siècle, la justice et les éventuelles sanctions en conséquence ont été légitimées par la nature religieuse du pouvoir garant de l'ordre politique et social. Tout pouvoir vient de Dieu. Les princes, les rois, les empereurs estimaient que le pouvoir vient des dieux ou de Dieu. Ainsi cette conviction leur donnait la légitimité de leur pouvoir d'arbitrer, sanctionner, condamner ou gracier.

Dans cet état d'esprit, les institutions ecclésiales ont été associées à l'administration de la justice. Elles furent associées soit en y participant directement soit en accompagnant le bras séculier par des cérémonies destinées à rendre cette justice plus juste et plus efficace. Ala fin de la période antique par exemple, les empereurs romains confièrent à l'Église le contrôle social sur les populations chrétiennes. Au XVIIIe siècle aurait existé la pratique de l'amende honorable et les prêtres étaient chargés d'entendre, comme une dernière confession, les paroles des condamnés. En cas de nécessité, ils pouvaient les faire communier pour une dernière fois avant qu'ils ne montent sur l'échafaud.[9]

---

[9] E. WENZEL, *La religion et le sens de la peine : aux origines théologiques de la peine de prison,* dans « Revue du droit des religions », 12 (2021), p. 164.

La peine canonique de la prison au XIIe siècle, par exemple, eu pour origine une révolution théologique apportée par la scolastique sur les notions de liberté et de responsabilité. Selon Saint Augustin, « Dieu a conféré à sa créature, avec le libre arbitre, la capacité de mal agir, et par là même, la responsabilité du péché ».[10] La liberté et la responsabilité sont ainsi depuis les XIIe et XIIIe siècles au centre du système juridique tant civil qu'ecclésial. Les codes contemporains s'en inspirent.

Les conséquences de cette théorie sur la responsabilité et la liberté sont remarquables dans les canons du code de droit et impactent sur la validité et la licéité des actes juridiques. URRUTIA s'inscrit dans cette logique lorsqu'il écrit : « Si la personne est forcée de l'extérieur à poser un acte (par exemple par les moyens chimiques), de sorte qu'elle n'a pu opposer aucune résistance, l'acte est réputé comme non posé (c. 125§1). Une telle force extérieure à la personne, qui n'a laissé aucune place à la délibération, exclut l'existence juridique de l'acte ».[11]

Par ailleurs, liée à la nature de l'Église, la sanction pénale prive-t-elle la rédemption ? Peut-elle impacter sur le salut ? prend-elle la place de la pénitence sacramentelle ?

En effet, le sens de la sanction que nous venons de développer permet de révéler la dissociation entre peine judiciaire et économie du salut. La sanction imposée ou déclarée par l'Église est un moyen de réduction ou d'abolition de la peine qu'infligerait Dieu. Comme ''sacrement du salut'', l'Église exerce un effet direct sur le jugement des péchés par Dieu.

Selon Eckert : « la peine judiciaire ne joue aucun rôle dans le salut du délinquant et ne constitue pas une partie de la peine éternelle que doit tout pécheur pour un péché mortel.

---

[10] SAINT AUGUSTIN, *Du libre arbitre*, I, 16, 35.

[11] F.J. URRUTIA, *Les normes générales. Commentaire des canons 1-203*, Editions Tardy, p.204.

Elle peut certes fournir l'occasion de se repentir mais la contrition seule efface le péché, non la peine judiciaire ».[12] Ainsi, un juge est différent d'un confesseur. La distinction des rôles entre juge et confesseur est manifeste du point de vue terminologique dans la dissociation entre le for judiciaire et le for pénitentiel. La pénitence sacramentelle n'est pas à confondre avec la peine infligée par un juge. Tout péché ne constitue pas un crime, tout crime est un péché. Un délinquant peut subir une pénitence et une peine à la fois. S'il fait pénitence de son crime, son péché est effacé mais l'Église peut encore lui infliger une peine. Car la pénitence sacramentelle abolit le péché non la blessure envers la communauté.

En son temps, Pierre Chantre affirmait dans la même logique ce qui suit : « Certes, tout ce que fait l'Église est l'œuvre de Dieu. Il ne faut cependant pas déduire que la peine judiciaire est infligée par Dieu. Si, en effet, le criminel qui a fait pénitence est absous à l'égard de Dieu, il ne l'est pas de même à l'égard de l'Église. C'est donc la blessure, l'injure faite à l'Église et non à Dieu qui entraîne l'infliction de la peine. Cette distinction explique que chaque crime constitue un péché mais que tout péché ne soit pas un crime. Il faut pour cela, une faute à l'égard de Dieu, une injure faite à l'Église. »[13]

Cette conception de la sanction purement médiévale montre que le droit de punir de l'Église repose non sur la violation du commandement divin, mais sur le méfait du crime à l'intérêt de l'Église qui fut aussi assimilé à l'intérêt public. La peine n'a pas un objectif salutaire mais celui de lutter contre la propagation des comportements délictueux

---

[12] R. ECKERT, *Peine judiciaire, pénitence et salut entre droit canonique et théologie (XXe s.-début du XIIIe s.),* dans « Revue de l'histoire des religions » 4(2011), p.489.
[13] *Ibid.*, p.150.

parmi les fidèles. Le droit ecclésial avait ainsi au Moyen-âge une visée aussi bien ecclésiale que temporelle.

Il convient de noter que la sanction pénale ecclésiale est fondée sur la sainteté de l'Église, celle de ses membres, celle du peuple des croyants. (Cf. canons 210 et 1311). Il est aberrant de fonder uniquement la sanction pénale sur une base sociétale (ubis societas, ibi ius) ou éthique (punitur quia peccetum est sed ne peccetur). Le fondement de la peine est donc théologique. L'Église punit *in extremis*, en vue d'obtenir la conversion de l'auteur du délit et non pour chercher uniquement un ordre social, comme ce fut le cas en contexte médiéval. Au regard de la liberté de l'être humain à qui revient l'instance ultime de la décision de se convertir, l'Église ne peut que se dessaisir de toute prétention de convertir par la sanction.[14]

Par conséquent, le pouvoir de contraindre par la sanction pénale est ontologique à l'Église. Son origine est liée à la nature de l'Église qui doit s'en servir en vue d'atteindre ses fins propres. Le fondement de la sanction pénale est non seulement sociétal mais théologique, ecclésial et éthique.

Art.2. LA SANCTION DANS L'EGLISE AVANT LE CODE DE DROIT CANONIQUE DE 1917

L'Église, depuis l'aube du christianisme, se confronte au comportement défaillant de certains de ses membres. Peu de temps après la résurrection de Jésus, les communautés chrétiennes établissaient déjà des règlements pour traiter les cas de méconduite. À titre illustratif, la rencontre conciliaire de Jérusalem qui deviendra une culture dans l'Église pour réguler la doctrine et la discipline

---

[14] A. BORRAS, *Dis-moi comment tu punis,* dans « L'année canonique », 1(2009), p.193.

interne en vue de préserver l'unité de l'Église. (Cf. Actes 15,1-35 ; Galates 3, 27-28).

Tant que l'Église se développe et affronte des conditions nouvelles d'existence, le droit canonique se constitue et un droit pénal s'élabore continuellement. L'Église est innovante et sert de modèle pour les juridictions civiles. Garraud atteste cela par cette affirmation sur l'Église : « elle a préparé, par son exemple, la substitution, achevée au XVIe siècle, dans tous les pays de l'Europe, de la procédure inquisitoire à la procédure accusatoire »[15]

Avant le code de 1917 parurent certains documents du *Corpus iuris canonici* dont les *Décrétales* de GREGOIRE IX en 1234, le *Sexte* de BONIFACE VIII en 1298, *les Clementines* à 1319, *les Extravagantes* de Jean XXII et les *Extravagantes communes*. Tous ces documents et tant d'autres abordèrent les questions liées à la sanction pénale dans une certaine mesure sans aucune systématisation. Il a fallu attendre le code de droit de 1917 et celui de 1983 pour vivre une certaine systématisation.[16]

Par ailleurs, une question fondamentale mérite d'être posée : comment concilier la miséricorde enseignée dans l'Évangile à la sanction qui s'est imposée dans l'Église depuis ses origines ? En effet, l'Église, à l'instar des autres sociétés, est appelée à se réguler et maintenir son unité dans la poursuite de ses fins propres. En plus, la sanction a un fondement théologique. Au-delà de son fondement sociétal, la sanction préserve le devoir-être de l'Église comme *signe et instrument de l'union intime avec Dieu et de l'unité de tout le genre humain* (Lumen Gentium n°1). Elle est un

---

[15] R. GARRAUD, *Les divers types de procédure pénale*, dans « Traité théorique et pratique d'instruction criminelle et de procédure pénale », Sirey, Paris, 1907, P.20.

[16] G. FRANSEN, *Le nouveau code de droit canonique. Présentation et réflexion*, dans « Revue théologique de Louvain », 3 (1983), p. 279.

moyen de maintien et de protection de la mission de l'Église.

C'est pourquoi, la Bible est la source inspiratrice de la discipline au sein de l'Église.
Il importe de parcourir les différentes conceptions de la discipline au sein de l'Église depuis les origines.

2.1 La sanction dans l'Ancien Testament

L'Ancien Testament considère Dieu comme le juge parfait. Il n'y a pas commune mesure entre la justice humaine et la justice divine. Cela s'exprime dans les mots du psalmiste : « Ta justice est comme les montagnes de Dieu, Tes jugements sont comme le grand abîme. Éternel ! tu soutiens les hommes et les bêtes ».[17] (Ps 36,7)

Le Pentateuque trouve impératif, le devoir des juges de toujours avoir Dieu devant les yeux, comme repère dans les sanctions à infliger afin de tracer la voie du jugement droit. En Deutéronome 16, 18 : « Tu constitueras des juges et des scribes en chacune des villes que Yahvé te donne, pour toutes les tribus ; et ils jugeront le peuple en des jugements justes. »[18] L'épisode de la consommation du fruit de l'arbre interdit relaté en *Genèse* 3,1-18 est révélateur de l'attitude de Dieu qui sanctionne les délits des hommes et même des autres êtres de la nature. Dieu sanctionna non seulement l'homme et la femme mais aussi le serpent. Toute la démarche ultérieure pour sauver l'humanité est une démonstration de la miséricorde de Dieu qu'aucune sanction se saurait épuiser.

À travers l'Ancien Testament, Dieu se révèle comme celui qui sanctionne son peuple, pour le corriger et non pour

---

[17] *Bible de Jérusalem. La sainte Bible traduite en français sous la direction de l'école biblique de Jérusalem. Nouvelle édition revue et augmentée,* Cerf verbum Bible, Paris, 1999.
[18] *Ibid.*

le faire périr. C'est le sens de diverses déportations du peuple d'Israël et l'esclavage à Babylone dans les années 734 et 722 avant J.C., la déportation orchestrée par Nabuchodonosor en 587 avant J.C., (Jérémie 23, 5-6), celle faite par les assyriens ...

Il est du reste évident que dans l'Ancien Testament, Dieu a fait usage de la sanction pour des fins bénéfiques à ceux qui ont conclu l'alliance avec Lui. Le livre de Samuel exprime cette réalité dans ces propos de Dieu sur Eli : « Je lui ai déclaré que je veux punir sa maison à perpétuité, à cause du crime dont il a connaissance, et par lequel ses fils se sont rendus méprisables, sans qu'il les ait réprimés. » (1Sa 3,13) Cela concourrait à la légitimation de l'interpellation des ordinaires qui se rendent coupables de complicité dans un délit très grave.

La verge et la sanction sont ainsi indispensables selon l'Ancien Testament, car ils donnent la sagesse (cf. Proverbes 29, 15). La bible fait preuve de sévérité et de rigueur envisageant même la peine capitale. « L'homme qui, par orgueil, n'écoutera pas le sacrificateur placé là pour servir l'Éternel, ton Dieu, ou qui n'écoutera pas le juge, cet homme sera puni de mort. Tu ôteras ainsi le mal du milieu d'Israël, afin que tout le peuple entende et craigne, et qu'il ne se livre plus à l'orgueil. » (Dt 17, 12-13). Dieu exerce une justice juste, il se sert de la peine non pour faire périr mais pour corriger et ramener l'homme à l'alliance avec Lui.

2.2. La sanction dans le Nouveau Testament

Il est difficile de répertorier les cas de discipline dans le nouveau Testament. Quelques passages néotestamentaires révèlent pourtant la discipline de l'Église de manière explicite. Nous pouvons remarquer au moins

quatre catégories d'offenses ou péchés ayant occasionné une procédure disciplinaire dans le Nouveau Testament :
- **les fautes d'individus chrétiens contre d'autres frères et sœurs** :« si donc tu vas présenter ton offrande sur l'autel, et que là tu te souviennes que ton frère a quelque chose contre toi... » (Mt 5.23-24). Ce passage relève plus de l'autodiscipline mais cette dernière préserve la discipline de la communauté en générale. Un conflit entre deux personnes dans une communauté n'est jamais totalement privé.

Dans la première *Épître aux corinthiens* 6, 1-11, Paul pose les jalons de l'impératif d'un tribunal ecclésiastique et laisse donc entrevoir l'existence d'une sanction qui émane d'un tribunal pénal ecclésiastique : « Lorsque vous avez un différend, comment osez-vous le faire juger par les païens et non par les saints ? (...) Vous avez été lavés, mais vous avez été sanctionnés, mais vous avez été justifiés au nom du Seigneur Jésus Christ et par l'Esprit de notre Dieu ».[19] Cet écrit paulinien certifie en amont, l'inspiration biblique non seulement du tribunal ecclésiastique mais aussi de la sanction pénale dans l'Église.
- **Les divisions** : les individus qui créent des divisions à cause de leur enseignement poussent Paul à proposer des procédures disciplinaires (« je vous encourage, mes frères, à prendre garde à ceux qui causent des divisions et des chutes, contrairement à l'enseignement que vous avez reçu. Éloignez-vous d'eux... » Rm 16, 17). 1co 11, 17-34 rappelle que le repas devait être l'acte de communion et d'unité par excellence.
- **Les fautes d'ordre morale** : dans cette catégorie, deux cas les plus flagrants sont celui d'impudicité (porneia) dans 1Co 5.1-13 et celui de la paresse ou la passivité de certains dans 2Thessaloniciens 3.6-15. Nous pouvons énumérer également Tite 1,10-16 où Paul évoque ceux qui refusent de

[19] *BIBLE DE JERUSALEM...*

se soumettre à la vérité, les bavards aux discours creux qui bouleversent des familles entières en enseignant ce qu'il ne faut pas, tout en s'assurant des gains peu honnêtes.

-Les erreurs théologiques : certains comportements trouvaient leur source dans une doctrine défectueuse. La théologie hétérodoxe influait toujours et nécessairement sur toute la vie des communautés, créant des divisions (comme à Corinthe et chez les Galates) et des comportements immoraux (comme à Thessalonique). Pour Paul, la doctrine n'est jamais une abstraction, l'orthodoxie et l'orthopraxie sont intimement liées, sans pour autant qu'il ait nécessairement un lien direct de causalité entre elles.[20]

Ainsi, dans l'Église naissante, les apôtres recadraient constamment les communautés qui s'écartaient de la foi apostolique. La sanction trouvait ainsi sa profonde raison d'être. Les épîtres pastorales sont dominées par cette thématique : Paul dans 1 Timothée 1.19-20, parle d'Hyménée et d'Alexandre, qu'il a ‘' livré à Satan". Et dans 2Timothée 2,17-18, il évoque de nouveau Hyménée et Philétos, quand il est question des gens dont la parole ‘*'ronge comme la gangrène. Ils sont passés à côté de la vérité, en disant la résurrection a déjà eu lieu et ils renversent la foi de quelques-uns"*. En Tite 1,10-16, il parle également des insoumis, des discoureurs futiles et des marchands d'illusions pour montrer l'influence néfaste de l'hétérodoxie sur la communauté.

L'usage des moyens pastoraux, semi-pénaux codifiés et rendus obligatoires par le code de droit est d'inspiration néotestamentaire. Il y a dans le Nouveau Testament des indications explicites de la position à prendre envers un frère qui se méconduit : « Si ton frère vient à pécher, va le trouver et reprends-le, seul à seul. S'il t'écoute, tu auras gagné ton frère. S'il ne t'écoute pas, prends encore avec toi

[20] *www.croirepubication.com, les cahiers de l'école pastorale,* consulté le 21 mars 2023 à 13h28.

un ou deux autres, pour que toute l'affaire soit décidée sur la parole de deux ou trois témoins. S'il refuse de les écouter, dis-le à la communauté, qu'il soit pour toi comme le païen et le publicain. »[21]
Ce conseil a inspiré plusieurs dispositions canoniques dans le code actuel. Notamment la nécessité *d'entendre ceux dont les droits pourraient être lésés*, avant de porter un décret exigé au canon 50 CIC 1983, l'usage des moyens pastoraux exigé au canon 1341 qui ouvre le titre relatif à l'application des peines dans le code de 1983. Ce canon s'énonçait comme suit : « L'ordinaire aura soin de n'entamer aucune procédure judiciaire ou administrative en vue d'infliger ou déclarer une peine que s'il est assuré que la correction fraternelle, la réprimande ou les autres moyens de sa sollicitude pastorale ne peuvent suffisamment réparer le scandale, rétablir la justice, amender le coupable. »[22] Cet énoncé a le sens d'une recommandation qui acquerra au canon 1311 du livre VI de 2021 le sens d'un devoir, au regard de l'expression « l'ordinaire devra entamer » qui donne à ce canon une nouvelle vigueur.

Saint Paul confère à l'Église la fonction de juge lorsqu'il demande aux corinthiens de ne pas porter leurs litiges devant les juges païens (1Co 6, 1-7). Ce conseil se répercute dans l'Église à travers l'émergence de sa juridiction, comprise comme sa capacité à entendre une affaire et à trancher par un énoncé juridique émanant de sa propre autorité.[23]

En outre, l'Épitre aux Hébreux relève que Dieu châtie essentiellement pour le bien de l'homme et pour sa sanctification. *Nos pères nous châtiaient pour peu de jours,*

---

[21] *Ibid.*
[22] *CODE DE DROIT CANONIQUE DE 1983…*, Canon 1341.
[23] T. JOUBERT, *La responsabilité canonique de l'Eglise en matière pénale. Regard historique, des temps apostoliques jusqu'à la chute de Rome*, dans « L'Année canonique », 1(2009), p. 234.

comme ils le trouvaient bon ; mais Dieu nous châtie pour notre bien, afin que nous participions à sa sainteté (He 12, 10). La discipline de Dieu, contrairement à celle des hommes, n'est pas une simple punition dirigée par l'humeur mais instrument pédagogique et orienté au salut de l'homme. La sainteté étant la nature de Dieu, il en fait participer l'homme, après lui avoir imposé une correction. Le châtiment divin reconstitue en l'homme, progressivement, la sainteté dans le caractère et ressemblance à Dieu dont il est l'image. Le châtiment produit le fruit de paix, ainsi qu'il est écrit : « il est vrai que tout châtiment semble d'abord un sujet de tristesse, et non de joie ; mais il produit plus tard pour ceux qui ont été ainsi exercés un fruit paisible de justice » (He 12, 12-13). La sanction est une manifestation de l'amour et un chemin de la gloire. *Le Seigneur châtie celui qu'il aime, et il frappe de la verge tous ceux qu'il reconnaît pour ses fils* (He 12, 6). Cette doctrine biblique du châtiment constitue le soubassement du pouvoir connaturel à l'Église de contraindre par la sanction pénale les fidèles délinquants.

2.3 La sanction dans la Didachè

La Didachè date de la fin du Ier siècle ou le début du IIe siècle. Elle présente un témoignage crédible sur la sanction pénale à l'âge apostolique. Traitant de la discipline de la communauté, l'auteur y affirme : « Reprenez-vous les uns les autres, non dans la colère, mais dans la paix, comme vous l'avez dans l'Évangile ; et que personne ne parle à celui qui offense autrui, qu'il n'entende pas un mot de vous avant qu'il ait fait pénitence ».[24]

La Didachè attribue la fonction de la correction à l'ensemble de la communauté. L'épiscopat n'étant pas

[24] W. RORDORF et TUILLIER André, *La doctrine des douze apôtres (Didachè 15, 3)*, cerf, Paris, 1998, p. 194.

encore institué, la hiérarchie est constituée autour de l'Évangile ; les docteurs, les apôtres et les prophètes sont distingués dans la hiérarchie. Mais à partir du deuxième siècle, l'évêque comme chef de la communauté aura le plein droit de maintenir la discipline, réprimer les fautes contre la foi et l'unité de l'Église. C'est dans cette ambiance que naquit à la fin du deuxième siècle la pratique de la pénitence publique administrée par l'évêque en vue de réparer certains torts.
La Didachè, les autres écrits canonico-liturgiques ont abordé le même sujet et ont traité de manière progressive la question de la discipline dans la communauté. *Les constitutions apostoliques* en l'occurrence exigeaient la prudence de l'évêque pour qu'il juge avec droiture. L'évêque y était comparé à un expert en monnaies, qui sait trier parmi les monnaies celles qui sont sans valeur et s'approprier celles qui sont valables. Ainsi comme juge, il doit d'une part garder ce qui est sans tache et d'autre part soigner ce qui est vicié ou rejeter ce qui est atteint de façon incurable mais sans se hâter de retrancher et sans croire n'importe quoi. Avant d'examiner un dossier, l'évêque doit passer à une instruction préliminaire pour la réception de la cause.[25]

C'est donc l'environnement juridique de la sanction, les moyens de sollicitude pastorale qui sont ainsi pris en compte, mais de façon embryonnaire.

2.4 La sanction dans la législation conciliaire

Depuis le troisième siècle, les évêques se réunissent en concile pour prendre collégialement des mesures qui s'imposent en vue de garantir l'unité. Les questions de foi

[25] T. JOUBERT, *Op. Cit.*, p. 246.

et de discipline étaient souvent au centre des motivations conciliaires.

En 254, au concile de Carthage, les évêques s'affichent comme légistes et exécutifs. En contexte de persécution, pour les apostats, ceux qui ont prêté le serment impérial, les évêques sont chargés de définir la règle et sanctionner les transgressions en matière disciplinaire. En dépit de cela, la fonction disciplinaire a pris une ampleur particulièrement nouvelle au IVe siècle, grâce au progrès de la juridiction épiscopale, la politique de faveur généreuse, l'essor des crises hérétiques et l'évêque ne sera plus l'unique juge. Des instances judiciaires s'ajoutèrent, certains pouvaient juger l'évêque lui-même. Les tribunaux spéciaux ne furent pas encore institués. Non seulement l'évêque local, mais aussi le métropolitain, le primat, le Pape, et souvent les conciles remplissent cette charge. Ces hiérarchies épiscopales influent sur l'ordre des compétences. En tout état des causes, les procédures pénales ne connaissent pas encore des règles fixées ; c'est la pratique au gré des évènements qui motivait la création d'une instance judiciaire ou la spécification d'une compétence.

Les conciles ont joué un rôle prépondérant dans la fonction pénale. Le principe selon lequel seul un collège des évêques peut juger un évêque prôné par les canons conciliaires prévalait en ce temps-là.[26]

Les empereurs ont contribué à accentuer le rôle du concile dans la justice pénale de l'Église. Ils étaient portés à trouver solution aux litiges qui impliquent les évêques en convoquant des conciles au lieu de les juger eux-mêmes. Un litige non résolu par un concile pouvait être renvoyé en appel à un autre concile. Cette fonction disciplinaire, au regard de l'activisme des empereurs, a fini par intégrer le droit romain.

---

[26] *Ibid.*, p. 249.

2.5 La fonction disciplinaire ecclésiastique dans le droit romain

En 355, Constance fils de Constantin renforce le rôle juridictionnel des conciles en interdisant d'accuser un évêque devant un tribunal séculier, sans définir le champ d'application en matière pénale. C'est la constitution de l'Empereur Gratien (+383) qui confirma le principe de la compétence judiciaire épiscopale pour les questions religieuses.

Selon les orientations de cette Constitution, les conflits opposant les parties sur la religion se siègeraient dans les synodes du diocèse, les dossiers sur les affaires criminelles devaient être traités par les juges séculiers.[27]

La Constitution de Gratien, comparativement à celle de Constance parait, d'une part, large parce qu'elle n'établit aucune restriction de la juridiction épiscopale et, d'autre part, restrictive parce que les affaires criminelles y sont assignées à la seule compétence des tribunaux séculiers. Cela signifie qu'aussi bien les laïcs que les clercs répondent de leurs actes criminels devant les tribunaux séculiers et la compétence disciplinaire épiscopale est intégrale pour les questions de foi.

À cette période d'intenses controverses dogmatiques, la pénalisation de l'hérésie fut appuyée par la législation impériale.[28]

Au Ve siècle, l'empereur Flavius Honorius (+423) recommande que les clercs ne soient accusés que devant les évêques. Ce renvoi à la juridiction épiscopale souleva la nécessité de réglementer la procédure, tout en renforçant la compétence pénale de l'Église pour les atteintes à la foi.

Il sied de remarquer la différence entre ***l'audientia episcopalis*** (dans laquelle l'évêque exerçait une fonction

[27] *Ibid.*, p.250.

[28] *Ibidem.*

arbitrale entre deux parties en litige) et **l'atteinte à la foi** (qui n'engage pas deux parties opposées à concilier mais le bien commun de l'Église qui était impliqué). Lorsque le délit porte atteinte à la foi ou l'unité de l'Église, l'évêque n'a pas une fonction arbitrale comme dans une procédure requise par l'*audientia episcopalis*.[29]

Eu égard à ce qui précède, la fonction pénale de l'Église fut fondamentalement épiscopale en cette période. La hiérarchie épiscopale (métropolitain, primat, concile) pouvait limiter sans déroger ce pouvoir parce que lié à la fonction épiscopale. Exercée au départ sur les matières religieuses, la juridiction disciplinaire s'imposa comme une nécessité interne et externe. A l'interne, les successeurs des apôtres durent veiller à l'unité des fidèles du Christ, à l'externe cette unité n'aurait pas pu être assurée par les instances séculières, quelle que fut leur bienveillance supposée. L'articulation avec elles fut pourtant encouragée en raison de leur légitimité et souveraineté dans la répression des crimes de droit commun.

2.6. La sanction pénale au Moyen-âge

La renaissance du droit romain au XIIe siècle n'a pas laissé indifférent le droit pénal de l'Église. Elle a connu un renouveau en réaction à l'injustice féodale et seigneuriale. L'Église a construit une justice plus rationnelle orientée vers la pacification de la société et l'ensemble des institutions chrétiennes, en l'occurrence la chevalerie, la paix de Dieu… Il y avait en même temps la restauration d'une véritable justice pénale publique par la monarchie. L'Église exerça alors plusieurs justices et sa justice spirituelle englobait ce qu'on appelle le for interne et le for externe.

---

[29] *Ibid.*, p. 251.

Le for interne a pour matière le péché qui conduit au sacrement de pénitence. Le domaine du for externe, quant à lui, souffrait du conflit de délimitation et de compétence entre l'Église et les juridictions séculières. Il advenait que les parties en litige optent pour la justice de l'Église qui possédait déjà un droit écrit, complet, sûr, avec des juges mieux formés et la possibilité d'un appel hiérarchique. Cette justice fut souvent exercée par l'évêque comme juge ordinaire qui avait à son service un auxiliaire spécialisé appelé **official.** [30]

La compétence des cours de l'église était soit concurrente, soit exclusive avec les juridictions séculières. Elle variait au gré de la qualité de la personne poursuivie ou de l'objet du procès. La compétence était concurrente pour les causes qui concernaient les personnes misérables (veuves, orphelins, pauvres…) ; elle était exclusive pour les clercs en raison du privilège du for. C'est qu'il est convenu d'appeler compétence *ratione personae*.

En matière criminelle, la compétence était exclusive pour les crimes contre la foi tels que l'hérésie, la sorcellerie, la simonie, les infractions à la trêve de Dieu… La compétence était concurrente pour les autres dossiers criminels qui concernaient la religion. Nous pouvons citer le sacrilège, le blasphème, l'adultère…

Il y avait aussi des cas qui impliquaient la collaboration entre les deux justices. Parce qu'elle ne pouvait pas prononcer la peine de sang, l'Église s'en remettait à la justice séculière. Cette dernière ne pouvant pas arrêter certaines personnes dans les lieux d'asile (Église, cimetière, monastère, université), demandait pour le délinquant fugitif une excommunication auprès de l'Église.[31]

---

[30] *Htts://cours- de- droit.net/justice-église-moyen-âge*, consulté le 12 mars 2O23 à 11h6.
[31] *Ibidem.*

Les peines qui pouvaient être prononcées à l'issue d'un procès tendaient au repentir du pécheur. Elles avaient pour objectif de corriger, d'amender, de racheter le délinquant.

Cependant, si le condamné refusait la pénitence publique, il était excommunié, c'est-à-dire, rejeté de la communauté chrétienne. Il faut noter que l'excommunication n'était pas une peine en soi. C'était un moyen de pression pour urger l'observance de la loi comme le précepte pénal actuel. Endéans un an, l'excommunié devait se faire absoudre, sous peine d'encourir la sanction appelée **l'aggrave.** Cette sanction infligeait diverses incapacités, comme l'impossibilité de témoigner en justice et donnait au juge pouvoir de saisir les biens de l'excommunié.

Au cas où l'excommunié frappé de l'aggrave s'entêtait, il s'exposait à être frappé de la réaggrave**,** c'est-à-dire, la privation de tous ses droits civils et canoniques.
Plus tard, la pratique des pénitences était tombée en désuétude, et l'excommunication avait perdu son efficacité. Les juges infligeaient régulièrement les amendes, prononçaient les pèlerinages, condamnaient à l'emprisonnement.[32] La sanction pénale s'organisait et se fixait au fil des siècles.

2.7 La sanction pénale canonique au XVIe siècle

Laurent KONDRATUK distingue au XVIe siècle, deux catégories majeures des crimes qui entrainaient la sanction pénale, en droit canonique comme en droit civil.
1.Dans la première catégorie, il y a les crimes de lèse-majesté divine qui sont des crimes qui font offense à Dieu, l'ensemble des actes de désobéissance à l'autorité

---

32 *Ibidem.*

ecclésiastique ou qui déshonorent l'état clérical et la condition religieuse. Il s'agit des délits contre la foi (hérésie, schisme, sorcellerie, blasphème et sacrilège), puis la simonie et le crime de faux.

La peine était personnelle. Mais certains crimes de lèse-majesté étendaient la sanction jusqu'aux membres de la famille par répercussion en raison de la confiscation des biens du criminel qui entrainait parfois la paupérisation d'une famille dont il serait le poteau de soutènement.

Les sanctions préconisées par les canonistes pour les prêtres simoniaques étaient entre autres l'éloignement de l'autel (soit l'interdiction de célébrer la messe), la privation de quelques bénéfices ecclésiastique et la déposition. Le simoniaque pouvait recouvrer son état après un temps de pénitence. Le laïc coupable de simonie était frappé d'excommunication.[33]

Pour le crime de faux, c'est-à-dire dans ce contexte la falsification d'une lettre du pape, le faussaire était excommunié, privé de bénéfice ecclésiastique et dégradé s'il était clerc. Il était enfin livré au pouvoir séculier qui appliquait la sanction relative à son délit. La perte des avantages liés à l'état clérical était une sanction récurrente. Mais le pouvoir ecclésiastique devrait livrer le criminel au bras séculier pour subir l'ultime supplice.

Sans prétendre donner des détails sur les sanctions à ce niveau, il sied de noter qu'il y a une deuxième catégorie qui concerne le rapport à l'autre homme.

2. Les crimes contre le prochain : Après les crimes de lèse-majesté divine, viennent les crimes contre autrui. Dans cette catégorie, il y a lieu de considérer les homicides, les délits contre les biens, l'usure, les délits sexuels et les injures. L'homicide plus grave était l'assassinat prémédité qui entrainait la privation de quelque office, honneur et

---

[33] L.KONDRATUK, *Les délits et les peines dans le droit canonique du 16e siècle*, dans « Religion et science », 4(2009), p. 3.

bénéfice. En plus, les assassins étaient excommuniés, déposés s'il s'agit des clercs et rejetés à perpétuité du peuple chrétien.[34]

Celui qui tuait par légitime défense, s'il n'avait pas d'alternative, son meurtre n'entrainait aucune sanction. S'il avait la possibilité de se saisir du criminel, le blesser simplement sans le tuer, l'Église recommandait de faire pénitence.

L'empêchement de conception et l'avortement provoqué volontairement par malice ou administration des boissons étaient punis comme l'homicide. Celui qui étouffait un enfant involontairement dans le lit, était condamné à une pénitence de quelques années. Le suicide entrainait la privation de la sépulture ecclésiastique et la non-commémoration au même titre que celui qui meurt dans l'impénitence.

Parmi les délits sexuels, on distinguait l'adultère, les crimes contre nature, le stupre(viol), le rapt(enlèvement), et la fornication. La fornication avec une femme libre entrainait une sanction laissée à l'appréciation du juge. Car il s'agit d'un délit sexuel mineur. L'adultère par contre était frappé d'excommunication et pour le clerc, c'est la déposition. Il doit être imposé à l'un et à l'autre une pénitence conformément au *Décret de Gratien* qui sanctionnait l'adultère d'une pénitence de 7 ans. Selon le droit civil de l'époque, la femme violée doit être épousée ou dotée ; la valeur de la dot devait être proportionnée à la femme déflorée.

Dans *le Décret de Gratien*, le rapt était conçu comme un accouplement illicite. Dans le *Décrétales* de Grégoire IX, le rapt est à la fois la violation d'un bien ecclésiastique et un enlèvement. Si le violeur refusait d'épouser la jeune femme, l'Église l'excommuniait, le punissait corporellement et il devait faire pénitence dans un

---

[34] *Ibid.*, p.6.

monastère. Le coupable de rapt était excommunié et frappé des peines séculières conduisant même à la peine de mort. Si les délinquants étaient des clercs, ils étaient privés des ordres.

Dans le *Décret de Gratien*, le rapt d'une vierge consacrée ou moniale ne peut être réparé et est assimilé à un sacrilège. L'auteur était frappé d'excommunication, de prison, de déportation, de déposition, de peine pécuniaire.[35]

La bestialité, l'homosexualité, les pratiques sexuelles non autorisées comme la sodomie et la masturbation étaient sévèrement reprouvées. Ces délits sexuels furent condamnés par le Concile de LATRAN III (can. Clerici in sacris ordinibus) et le Pape PIE V prescrivit que tout prêtre qui se livrerait à un crime contre nature serait dégradé et livré au bras séculier qui condamnait au feu les sodomites.[36]

Ce visage de la normative pénale canonique au XVIe siècle, présageait déjà son avenir et son état aux siècles prochains. D'où la nécessité de revisiter le droit pénal canonique aux XVIIe et XVIIIe siècles.

2.8. Le droit pénal aux XVIIe et XVIIIe siècles

Le droit pénal canonique tel que décrit au XVIe siècle, sombrait dans l'inefficience et l'obsolescence. La théologie morale dont l'emprise croissait après le concile de Trente, a fini par englober les questions traitées jusqu'alors par le droit canonique. Mais le droit va s'émanciper, ainsi que l'affirme Kondratuk : « Avec la fondation de la théologie morale s'élabore un nouvel ordre autonome (''nouveau droit canonique'' né de la fusion de l'antique droit pénitentiel et de la théorie de la virtu), alternative non seulement au droit positif étatique mais aussi au droit

[35] *Décret de Gratien et Décrétales de Grégoire IX* cités par *Ibid.*, P.15.
[36] PIE V, *Bulle Cum primum (*1er avril 1566), §11. Texte dans Fontes n° 111, p .200.

canonique traditionnel, surtout en tant que discipline ecclésiastique ».[37]

Ce transfert de compétence a connu l'ingérence de l'État dans le domaine religieux, particulièrement en France. L'Église étant alors fracturée, le roi s'ingèra non en réconciliateur pour amener les fractures religieuses à la concorde mais comme une référence au-dessus du religieux. Selon Michel de Certeau : « Les organisations chrétiennes sont réemployées, en fonction d'un ordre qu'elles ne déterminent plus. Trait significatif, on reconnaît au roi le privilège d'avoir Dieu à ses côtés et auprès de soi. Les églises se trouvent, comme Dieu, aux côtés du roi. Si Louis XIV s'inscrit dans le mouvement de la contre-réforme, il en renverse le principe par sa manière de le faire aboutir…son ''grand dessein'' semble viser une ''restauration'' de l'Église lézardée, mais en réalité il a pour but de ''rendre à l'État sa tranquillité et l'autorité de ses droits''. Révolution subreptice : la fin s'est muée en moyen. Les institutions politiques utilisent les institutions religieuses, y filtrent leurs objectifs.»[38]

À cette époque, les juridictions ecclésiastiques étaient sur la voie de la disparition au profit des juridictions laïques. L'utilité du droit pénal canonique était très réduite. Le moraliste ou le casuiste devenait le superviseur du for interne et l'officier du roi celui du for externe.

En dépit de cette situation, les conciles généraux et les diverses constitutions apostoliques continuaient à alimenter le droit mais cette contribution prend un tour nouveau.

Entre le concile de Latran V (1512-1517) au XVIe siècle et le concile Vatican I (1869-1870) à la fin du XIXe siècle, un

---

[37] L.KONDRATUK, *Op. cit.,* p.18.

[38] M. DE CERTEAU, *La formalité des pratiques. Du système religieux à l'éthique des lumières (XVIIe -XVIIIe),* Gallimard, Paris, 2002, p.191.

seul concile œcuménique a été réuni. Il s'agit du concile de TRENTE (1545-1563), concile de la contre-réforme catholique qui confirma la foi et fixa la discipline en la réformant. Après cette imposante législation tridentine qui fit autorité à travers les siècles, la législation conciliaire marque une pause remarquable. La législation universelle fut dorénavant assurée par la papauté dont l'autorité a eu le privilège d'être restaurée par la contre-réforme. Ainsi les papes alimentèrent le droit du XVIe au XVIIIe siècle à travers les constitutions, les Encycliques, les Motu proprio, les Bulles, les Lettres apostoliques. Mais tout cela ne fit pas sans choc surtout avec les partisans de l'église gallicane.[39]

En conséquence, il ressort que l'Église n'avait pas encore un droit systématique et unifié. Les différentes collections officielles et non officielles faisaient la loi. Le besoin d'une loi unique qui organise également l'aspect pénal se fit pressant. C'est dans le code pio-bénédictin et le code de 1983 que l'ordonnancement pénal de l'Église fut amélioré, justifié et systématisé. Le canon 1311 constitue la porte d'entrée de l'arsenal pénal de l'Église.

Art.3. LE CANON 1311 DANS LE CONTEXTE GLOBAL DU LIVRE VI DU CODE DE DROIT CANONIQUE

3.1. Le canon 1311 dans le code pio-bénédictin

Depuis les origines jusqu'au XVIIIe siècle, l'Église n'avait pas des normes codifiées dans un ordonnancement unique et systématique. L'idée d'en avoir fut déjà en veilleuse chez les pères du concile de Trente et reprise en

---

[39] J. GAUDEMET, *La formation du droit canonique et le gouvernement de l'Eglise de l'Antiquité à l'âge classique*, Presses Universitaires de Strasbourg, 2008, p. 125.

chœur par les pères du Concile Vatican I. La législation canonique étant devenue éparpillée et volumineuse, l'idée de codification refit surface, et s'imposa à la fin du XIXe siècle. Sans faire l'unanimité, elle passait pour une œuvre audacieuse, et les canonistes la pensaient improbable. Cela se remarque par le titre du Motu proprio du 25 mars 1904 que PIE X choisit pour engager l'entreprise de la codification, *Arduum sane munus*, qui résonnait à lui seul comme un avertissement de la difficulté de la tâche.[40]

En effet, initié par PIE X et promulgué par Benoit VI, d'où l'appellation code pio-bénédictin, le code de droit canonique de 1917 n'avait que cinq livres (Normes générales, les personnes, les choses, droit judiciaire et procédure, délits et peines) structuré en 2414 canons. Promulgué par la Bulle *Providentissima Mater Ecclesiae* du 27 mai 1917, ce code est le premier de l'Église à être unique, systématique, universel et exclusif.

Le livre qui traite de la sanction étant le cinquième dans ce code, le canon 1311 du livre VI de 2021 n'a pas de correspondance thématique avec le canon 1311 du code pio-bénédictin qui traite de la cessation du vœu. Les deux paragraphes du canon 1311 du livre VI de 2021 correspondent aux deux paragraphes du canon 2214 du code pio-bénédictin qui s'énonçait comme suit : « §1 Indépendamment de toute autorité humaine, l'Église a le droit, propre et inhérent à sa nature, de frapper ses sujets délinquants de peines soit spirituelles soit même temporelles.

§2 On gardera sous les yeux l'avertissement du concile de Trente, sess. XIII, de ref.chap.1 : « Les Évêques et les ordinaires se souviendront qu'ils sont des pasteurs et non

---

[40] B. GONCALVES, *La survivance du droit pénal Pio- bénédictin dans le code latin de 1983, dans « L'année canonique* » 1(2017), p.161.

des bourreaux, et qu'ils doivent gouverner leurs sujets non pour les dominer, mais pour les aimer comme des enfants et des frères, et travailler par leurs exhortations et leurs avis à les détourner des pâturages défendus, afin de n'être pas contraints, s'ils devenaient coupables, à les châtier par les peines nécessaires. Si cependant la faiblesse humaine occasionnait des fautes, ils observeraient l'enseignement de Saint Paul en pressant les coupables, en les suppliant, en les reprenant avec une bonté et une patience extrême, car souvent pour corriger, la bienveillance est plus efficace que l'austérité, l'exhortation plus que la menace, la charité plus que l'autorité. Lorsque la gravité du délit exige l'emploi de la verge, on unira la rigueur à la mansuétude, la justice à la miséricorde, la sévérité à la douceur, si bien que la discipline, salutaire au peuple et nécessaire, soit maintenue sans la rudesse et que les coupables s'amendent par correction ou, s'ils ne reviennent pas à résipiscence, que les autres soient détournés du vice par l'exemple salutaire du châtiment. »[41]

En effet, le canon 2214 §1 du code de 1917, est constitué du passage d'un décret du concile de Trente (sess. XIII, de ref.chap.1). Dans ce passage qui remonte à l'an 1551, les pères conciliaires rappelaient que les évêques devaient se comporter comme des pasteurs et non comme des bourreaux (pastores sed non perscussores).

Élaboré selon l'esprit de la science juridique d'alors, le code de 1917 en intégrant des éléments propres aux droits pénaux séculiers parfois plus juridique que pastoral ne voulut en rien sacrifier la dimension juridique de son dispositif pénal.

Le canon 2214 §1, correspond au canon 1311 du code de 1983, entré en vigueur le 19/05/1918, a été abrogé par le code latin de 1983.

---

[41] *CODE DE DROIT CANONIQUE DE 1917...*, Canon 2214.

Les survivances de ce canon au code de 1983 ne sont pas réunies dans un seul canon. Ses morceaux sont éparpillés au canon 1311 CIC 1983 qui reprend le premier paragraphe sur *le droit inné de l'Église à contraindre par la sanction les fidèles délinquants*, ainsi que les canons 1317 et 1341 qui reprennent les attitudes pastorales et les moyens de sollicitudes pastorales développés au deuxième paragraphe de ce canon 2214 CIC 1917. Il faut cependant noter que ces dispositions qui reprennent les clauses du canon 2214 CIC 1917 s'en inspirent sans le copier servilement. Le canon 1317 CIC 1983 insinue, à titre particulier, une disposition sur *le renvoi de l'état clérical qui ne peut être établi par la loi particulière.*

Comme le canon 1311 est le premier au VIe livre du code de 1983 et celui de 2021, le canon 2214 CIC 1917 qui est son correspondant est le premier dans la section II portant « différentes espèces de peines » du livre V intitulé : *Des délits et des peines* 2195-2414.

Comparativement au canon 1311, il jouit d'une richesse remarquable et contient une matière danse inspirée du concile de Trente et des enseignements pauliniens. Après avoir parlé du pouvoir de sanctionner qui est lié à la nature de l'Église, il clarifie ce qui va justifier le recours à la sanction comme extrême raison lorsque tous les moyens de sollicitudes ont été épuisés pour détourner du vice par l'exemple salutaire du châtiment. Ce canon rappelle aux ordinaires qu'ils ne sont ni bourreaux ni dominateurs mais plutôt des pasteurs appelés à aimer leurs sujets, les détourner des pâturages défendus par les exhortations, en les suppliant, en les reprenant avec bonté et patience extrêmes, car pour corriger la charité sert mieux que l'autorité. Il ressort ainsi que sanctionner n'était pas un devoir, un impératif après usage des moyens de sollicitudes, car l'objectif était d'amener le coupable à s'amender par la correction. Les moyens de sollicitudes pastorales sont plus importants que la sanction pénale.

Ayant ainsi fixé les sources de la matière du canon qui fait l'objet de notre analyse dans le code pio-bénédictin, il convient d'analyser sa place au code de droit canonique de 1983.

3.2. Le code de 1983 avant la réforme du livre VI

Le canon 1311 CIC 1983, comme affirmé précédemment, est une survivance du premier paragraphe du canon 2214 du code de 1917 abrogé par le pape Jean Paul II. Dans le code de droit canonique de 1983, Il est énoncé en ces termes : « L'Église a le droit inné et propre de contraindre par des sanctions pénales les fidèles délinquants ».[42]

En effet, placé au début du livre VI, *Les sanctions dans l'Église*, (correspondant du livre V, *Des peines et délits* dans le code pio-bénédictin), le canon 1311 aborde la question de la légitimité du pouvoir de sanctionner dans l'Église, justifie le droit pénal de l'Église, en le présentant comme un pouvoir connaturel à l'Église. Si la scientificité ou le statut épistémologique du droit canonique est remis en cause et même méconnu par certains, la pertinence de la sanction dans une société censée être charismatique n'est pas moins contestée. C'est ainsi que commentant le livre VI du code de droit canonique, PARALIEU écrit : « L'Église affirme tout d'abord son droit de frapper de sanctions pénales ses fidèles qui commettent des délits(can.1311), le délit étant la violation extérieure et moralement imputable d'une loi, munie d'une sanction ».[43] Ce canon sur le fondement de la sanction pénale dans l'Église est placé au

---

[42] *CODE DE DROIT CANONIQUE DE 1983*, *Op. Cit.*, Canon 1311.

[43] R. PARALIEU, *Petit guide du nouveau code de droit canonique*, Tardy, Paris, 1983, p. 143.

début du livre comme un liminaire à tout le livre VI et permet de comprendre l'orientation pénale de l'Église. Le pouvoir de sanctionner qui émane de la nature même de l'Église ne vient d'aucune autorité politique ou humaine comme il a été clairement exprimé dans le code pio-bénédictin. La sanction pénale est un des moyens naturels dont possède l'Église pour atteindre ses fins propres. Ce qui permet à FOREY d'alléguer que : « Le pouvoir disciplinaire est l'un des aspects de l'autonomie institutionnelle. Il trouve son fondement dans la réalisation de '' l'idée d'œuvre" pour laquelle le groupement s'est organisé. En particulier, le droit disciplinaire des Églises est entièrement tourné vers le salut des âmes des fidèles. »[44]

Au début du nouveau millénaire, l'Église s'est vue engagée par saint Jean Paul II à donner la priorité à la « pédagogie de la sainteté ». Il n'est guère surprenant que des évènements aient conduit à redécouvrir la fonction corrective du droit pénal *sui generis* dont l'Église n'est point dépourvue.

Etienne Richer dans son ouvrage *La Lumière qui montre les ombres* considère que l'Église n'a ni vocation à punir ni celle de punir pour punir mais elle ne peut ignorer les délits lorsqu'ils sont commis par les fidèles. Laisser impunis ou non-suivis des mesures proportionnées des comportements incriminés par la législation canonique relèverait d'un déni de justice aux dépens des victimes qu'il s'agisse des personnes ou des institutions. L'Église n'a pas non plus vocation, ni à céder au syndrome de Stockholm, ni à laisser des fidèles faire en son sein objet d'accusations, voire de lynchages médiatiques, sans discerner tenants et aboutissants et sans veiller au respect du droit naturel de la défense et procès équitable. Entre laxisme et rigorisme se

---

[44]E. FOREY, *Etat et institutions religieuses. Contribution à l'étude des relations entre ordres juridiques*, Presses Universitaires de Strasbourg, 2007, p.87.

situe l'espace du droit et de la justice dont l'Église se doit d'être l'authentique miroir. La lumière du Christ qui n'est pas venu rendre la justice mais rendre les hommes justes, ne montre les ombres que pour les dissiper et libérer en esprit et en vérité.[45]

Au regard de ce qui précède, malgré son caractère pastoral, le code de 1983 perpétue la technique juridique du code pio-bénédictin. Dans les sillages du premier des principes directeurs de la révision du code pio-bénédictin, il sauvegarde son caractère juridique et sa mise en œuvre au for externe en ce qui concerne l'application des peines. Cela a conduit à la méconnaissance et la dépréciation du dispositif pénal de 1983 qui devint quasi-inopérant face aux délits graves qui peuvent porter atteinte à la communion ecclésiale, l'adhésion des fidèles, et la crédibilité de l'Église.[46] Il importe ainsi de comprendre le réajustement de la sanction dans l'Église mis en œuvre par le pape François en 2021, en particulier le nouveau visage du canon 1311.

3.3 Le canon 1311 après la réforme du livre VI

Depuis plus d'une décennie, l'Église est secouée par les vagues et les flots des révélations d'innombrables abus d'ordre patrimonial et de mœurs. Dans ce contexte, le Pape François a promulgué le nouveau livre VI du code de droit canonique, qui a réformé les dispositions pénales du code de 1983, une œuvre dont les travaux préparatoires

---

[45] E. RICHER, *La lumière montre les ombres : crise d'efficience et fondements du droit pénal de l'Eglise : essai d'analyse au regard du canon 1311 du CIC-1989 et de la loi suprême de la salus animarum*, Presses universitaires de l'Institut catholique de Toulouse, 2017.

[46] A. BORRAS, *Un nouveau droit pénal canonique ?* dans « Nouvelle Revue théologique » 143 (2021), p. 641.

remontent au pontificat de Benoit XVI qui en date du 28 février 2013 renonça à sa charge papale.

En effet, la constitution *Pascite Gregem Dei* l'atteste, le nouveau livre VI est une œuvre de longue haleine. C'est en 2007 que Benoit XVI mandata le conseil pontifical pour les textes législatifs, dans lequel le professeur Marcel NDJONDJO est consulteur depuis 2011, d'envisager la révision des dispositions pénales contenues dans le code de 1983.[47]

Depuis l'aube de la révision, l'objectif du travail était d'identifier les problèmes de la pratique pénale en vigueur et formuler des propositions de solution dans le contexte d'une Église secouée par les abus divers. Cette révision qui n'a pas épargné le canon objet de notre étude, s'inscrit dans un contexte d'anti-juridisme persistant, lié à l'antagonisme entre la justice et la charité, avatar de ces oppositions entre la grâce et la loi, charisme et institution. Le droit canonique a continué à être perçu comme un obstacle au renouveau ecclésial et à l'ouverture pastorale mise sur pied par le concile Vatican II, dont l'écho est percutant au code de 1983.[48] Confrontée aux abus dont ses auteurs sont les membres de l'Église, dans le sillage de ses prédécesseurs, Benoit XVI promulgua, le 21 mai 2010, un Motu proprio sur les *Delicta graviora*, qui fut suivi par un décret général législatif de la congrégation pour la doctrine de la foi.[49] Ce décret a mis à jour les normes sur les délits graves (delicta graviora) de 2001 en vue d'améliorer l'efficacité du point de vue de la procédure. Tourmenté, lui aussi, par les scandales liés aux délits sur les mineurs et l'inertie des

[47] FRANÇOIS, *Constitution apostolique Pascite Gregem Dei* du 23 mai 2021, AAS (2021).

[48] A. BORRAS, *un nouveau droit pénal canonique ? ... p.* 642.

[49] Cf. Congrégation pour la doctrine de la foi, « *Normae de delictis congregationi pro doctrina Fidei reservatis seu normae de delictis contra fidem necnon de gravioribus delictis* », AAS 102 (2010), p.419-434.

responsables des églises particulières, le Pape François promulgua d'abord le Motu proprio *Vos estis lux mundi* le 7 mai 2019 dans lequel il invite à regarder avec espérance l'avenir (afin que les abus sexuels ne se reproduisent plus), appelle à la conversion des cœurs, à la responsabilité des évêques pour prévenir et contrer ces abus qui trahissent la confiance des fidèles. Ensuite, il promulgua le nouveau livre VI avec la Constitution apostolique *Pascite Gregem Dei* en 2021, dans laquelle il appelle les pasteurs à la responsabilité et déclare la nécessité de l'exercice du droit de punir dans le gouvernement pastoral.[50]

La révision du livre VI touche en premier lieu le titre. Alors qu'il portait le titre de « sanctions dans l'Église au code de 1983, le nouveau livre VI est intitulé désormais « Les sanctions pénales dans l'Église ». Ce titre est annonciateur de la tonalité et du contenu du texte. L'adjectif pénal ajouté à ce titre suggère d'abord l'existence des sanctions non pénales ensuite il insinue que les sanctions dont il s'agit concernent une réponse apportée à un délit. Enfin le nouveau livre VI devient un instrument pastoral ordinaire pour guider les évêques dans l'application des normes pénales, en indiquant clairement les sanctions qui correspondent à des actes délictueux définis par le législateur. Le législateur de 2021 a entrepris de déterminer les nombreuses peines précédemment indéterminées qui furent généralement désignées par l'expression « iusta poena puniatur », (sera puni d'une juste peine).[51]

Dans ce mouvement général qui entraina révision du livre VI, le canon 1311 qui commence le livre revu n'a pas échappé à cette œuvre de réajustement de l'arsenal pénal de l'Église.

---

[50] A. BORRAS, *Un nouveau droit pénal canonique ? ...*, p.639.
[51] Cf. *CODE DE DROIT CANONIQUE DE 1983, Op.cit.*, canons 1365, 1371§1, 1372, 1377.

S'il n'avait qu'un paragraphe au code de 1983, le canon 1311 a désormais deux paragraphes qui correspondent au canon 2214 du code pio-bénédictin. Voici ci-dessous l'intégralité du canon 1311 du livre VI (Les sanctions pénales dans l'Église) promulgué par le pape François en 2021 :

§1 L'Église a le droit inné et propre de contraindre par des sanctions pénales les fidèles qui ont commis des délits.

§2 Celui qui préside dans l'Église doit protéger et promouvoir le bien de sa communauté et de chacun des fidèles du Christ avec charité pastorale, par une vie exemplaire, des conseils et des exhortations ainsi que, le cas échant, par l'imposition ou la déclaration des peines, en conformité avec les dispositions légales qui devront toujours être appliquées avec l'équité canonique, et en considérant le rétablissement de la justice, l'amendement du coupable ainsi que la réparation du scandale.

On ne le dira jamais assez, le canon 1311 de 2021 doit ses racines au canon 2214 du code pio-bénédictin qui, à son tour, trouve son fondement dans le concile de Trente et l'enseignement paulinien. Constitué en un seul paragraphe au code de 1983, le législateur de 2021 opère un retour à l'histoire en vue de lier le droit inné de l'Église à sanctionner les fidèles délinquants à l'obligation pour l'évêque d'appliquer la sanction comme un moyen pastoral, exigence de charité, lorsque la sollicitude pastorale ne parvient pas à promouvoir le bien de la communauté et celui de chaque fidèle.

Depuis le code pio-bénédictin, ce canon pose le problème du fondement du droit de sanctionner dans l'Église et dit dans quel esprit la sanction doit s'appliquer.

Dans le code de 1917, après avoir affirmé que le droit de sanctionner est connaturel à l'Église au §1, sanction qui peut être temporelle ou spirituelle, le §2 rappelle que l'évêque est un pasteur qui, s'il lui arrive de sanctionner, ne peut agir ni comme bourreau ni comme un dominateur, mais comme un père qui exhorte et qui peut mieux corriger par la bienveillance, l'exhortation, la charité plutôt que par la menace, l'austérité et l'autorité. Et qui, lorsque la sanction s'impose, doit unir la sévérité à la douceur, la rigueur à la miséricorde.

Il y a lieu de remarquer que dans le livre VI de 2021 comme dans celui du code pio-bénédictin, la sanction intervient comme dernier recours mais le code pio-bénédictin se démarque par plus de largesse tandis que le législateur de 2021 est caractérisé par plus de rigueur et de sévérité lorsqu' il rend impératif l'imposition de la sanction pénale au terme des moyens de la sollicitude pastorale. Le canon 1311 du code de 1983 n'ayant qu'un paragraphe, la matière du deuxième paragraphe du canon 2214 du code pio-bénédictin portant sur les moyens de la sollicitude pastorale trouve une correspondance aux canons 1341 et 1339 du code de 1983. À ce propos, BORRAS pense que la perspective est réellement différente dans la mesure où le législateur de 2021 prescrit qu'une fois épuisés les moyens de la sollicitude pastorale, notamment la correction fraternelle, la monition et la réprimande, l'ordinaire **devra** entamer (en latin, *promovere debet*) une procédure judiciaire ou administrative pour infliger ou déclarer une peine. Cette dernière intervient comme *extrema ratio* qu'après l'échec des autres moyens pastoraux (conseils et exhortations, cf. canon 1311§2) et quasi-pénaux (monition et la réprimande au sens du canon 1338). L'énoncé du canon 1341 n'est donc pas une recommandation comme dans son correspondant pio-bénédictin mais une injonction. Le législateur évite ainsi une interprétation minimaliste de ce principe comme une dissuasion d'appliquer la sanction pénale. Il veut convaincre de la nécessité de la peine comme extrema ratio certes, moyen ultime face au refus ou l'incapacité de l'auteur du délit de corriger son injustice, s'amender et réparer le scandale.[52]

Ainsi, le système pénal canonique obéit à certains principes et est le reflet d'une certaine philosophie pénale déterminée par l'esprit du législateur qui confère à la sanction des fonctions et des finalités précises.

En guise de conclusion, la définition de la sanction pénale nous a conduits à chercher le fondement du pouvoir pénal de l'Église. Ce fondement réside dans la nature même de l'Église, *mystère de communion*, dans sa structure bidimensionnelle de société parfaite visible et invisible ayant ses fins propres et les moyens spirituels et matériels pour les atteindre. Ce pouvoir pénal est ainsi connaturel à l'être de l'Église pour assurer son unité et atteindre ses fins.

Sans définir avec exactitude l'environnement juridique pré-pénal, les juristes d'avant la codification ont fait évoluer l'activité pénale à pas tâtons et la sanction pénale a toujours fait partie intégrante de la vie de l'Église depuis la communauté primitive. Elle remonte d'ailleurs à l'aube de l'aventure religieuse de l'homme au jardin d'Eden. Dieu n'a épargné ni le serpent ni l'homme de la sanction, quand fut violé l'interdit de l'arbre de vie. (Gn 3,1-23).

La diachronie dévoile que le canon 1311 §1 et 2 du livre VI réformé en 2021 tire son origine de deux paragraphes du canon 2214 du code pio-bénédictin qui, à son tour, est une émanation du concile de Trente (sess. XIII, de ref.chap.1.). Le code de 1983 tout en reprenant le canon 2214 pio-bénédictin abrogé, a repris sa matière en l'éparpillant au canon 1311 qui réaffirme en son unique paragraphe le pouvoir inné de l'Église de contraindre par la sanction pénale les fidèles délinquants et aux canons 1339 et 1341 qui reprennent les exigences de la sollicitude pastorale avant la contrainte pénale. Ainsi pour mieux

---

[52] BORRAS, *Un nouveau droit pénal canonique ?...* p. 644.

comprendre l'environnement juridique de la sanction pénale, il sied d'analyser le canon 1311, en vue de cerner les composantes de l'environnement juridique pré-pénal qui ouvrent la voie à la compréhension des effets de la sanction dans la communauté, dans la vie de la victime et celle du délinquant.

CHAPITRE II :

LA SOLLICITUDE PASTORALE AVANT LA SANCTION PÉNALE

Considérations introductives

Depuis la communauté primitive, l'Église est confrontée au comportement défaillant des fidèles qui porte préjudice à la foi et à la discipline. Fidèle à sa mission de sauver l'humanité, elle se sert des moyens sacramentels et l'ordonnancement canonique à sa disposition en vue d'atteindre ses fins propres. Avant de recourir à son pouvoir de contraindre par la sanction pénale les fidèles délinquants, elle préconise l'usage de différents moyens pastoraux (Prédication de la parole de Dieu, monitions, exhortations, discussions persuasives, exemple de sainteté), des moyens sacramentaux (sacrement de la pénitence et sacramentaux), des moyens juridiques non pénaux (les mesures disciplinaires prises par voie administrative), les remèdes pénaux du canon 1339. C'est uniquement quand tous ces moyens ne suffisent pas à amender le coupable, réparer le scandale et rétablir la justice que l'Église recourt aux moyens pénaux (sanctions pénales expiatoires du canon 1336 ou médicinales du canon 1331, ainsi que les pénitences du canon 1340).

À la lumière du canon 1311, nous analyserons dans ce chapitre les moyens de sollicitude pastorale qui environnent la sanction pénale. L'analyse portera de prime abord sur les moyens pastoraux ensuite les moyens quasi-pénaux (les remèdes pénaux, qui sont en général appliqués après une imprudence qui n'est pas encore un délit can.1339). Enfin nous présenterons brièvement quelques peines pouvant être encourues lorsque tous les moyens de la sollicitude pastorale n'ont pas réussi à empêcher la commission du délit et que le délinquant plonge dans la contumace. Par le terme contumace, nous entendons la persistance ou l'obstination dans un délit, le refus de venir à résipiscence, le refus de se repentir. (Cfr can.1347) Ce sens canonique de la contumace s'éloigne du sens juridique courant dans lequel la contumace est un refus de se présenter à l'audience.

Art.1. LES MOYENS PASTORAUX

1.1. Le témoignage

Dans la procédure judiciaire, le témoignage constitue une forme de preuve qui peut être recevable dans le procès. Il est un mode de preuve fondamentale en matière pénale, limité en droit civil. Le témoignage requis dans l'esprit du canon 1311 n'est pas une activité judiciaire pour établir ou non l'imputabilité. Il n'est pas une activité purement juridique mais pastorale exigée de l'ordinaire.

En effet, celui qui préside dans l'Église est appelé à être modèle dans la gouvernance et jouir du témoignage de bonne réputation, afin d'attirer les autres à la vertu. Dans un décret daté de 595 nous lisons l'institution par le pape Grégoire le Grand de proches collaborateurs de l'évêque, clercs et religieux, qui devront tirer profit de l'exemple que l'évêque leur procurera en gouvernant : « comme la vie du pasteur doit être pour les disciples un exemple, et que le plus grand nombre des clercs ne savent pas quelle est la vie de leur pontife privé, tandis que les enfants laïcs la connaissent, par le présent décret les clercs, ou même les moines choisis, soient à son service dans la chambre pontificale afin qu'il y ait des témoins dans le lieu du gouvernement, de telle sorte qu'ils voient sa vraie conduite en privé et que de la vision attentive de l'exemple, ils tirent profit. »[53]

Les papes et les canonistes se sont préoccupés du modèle que le pasteur offre aux fidèles et au clergé en lui apportant des transformations, en particulier par rapport à la règle pastorale du pape Grégoire le Grand. Les domaines qui les intéressent se rapportent à la sévérité dont l'évêque doit faire montre dans l'exercice de la discipline, la fonction exemplaire qu'il a en tant que justicier, à l'extension de la chaîne de l'exemplarité au moins jusqu'à ses subordonnés immédiats, un souci affirmé de la visibilité du pasteur, que cela soit au sein de l'élite ou par apparent paradoxe, dans la chambre épiscopale, lieu qui pourtant échappe au regard public.[54]

Le témoignage de vie de celui qui préside dans l'Église est un moyen pastoral efficace pour éviter le délit qui entraîne la sanction pénale. Il est pire que les prélats commettent des fautes vis-à-vis du peuple. Saint Grégoire écrivait : « Les prélats doivent savoir que dès lors qu'ils commettent des actes dépravés, dans la mesure où ils transmettent à leurs subordonnés les exemples de perdition, ils sont dignes des morts. D'où il est nécessaire qu'ils se gardent des fautes avec d'autant plus de précaution que par les actes mauvais qu'ils accomplissent. »[55]

De ce qui précède, par son mode de gestion et par son comportement, celui qui préside à l'Église doit briller par une vie exemplaire ; la lumière de son témoignage de vie est moyen pastoral qui élimine la commission de certains actes délictueux et ouvre la voie à la vertu et à

---

[53] B. LEMESLE, *Le modèle du Bon pasteur : l'évêque dans la chrétienté occidentale (seconde moitié du XIIe siècle) dans Apprendre, Produire, se conduire : le moyen-âge,* Editions de la Sorbonne, 2015, p. 115.
[54] *Ibid.,* p. 111.
[55] SAINT GREGOIRE, cité par *Ibid.*, p. 120.

l'épanouissement de la foi. Le mauvais témoignage de vie entraîne le manque de confiance, balise la route au scandale et l'entraînement au désordre ecclésial. Par la commission de certaines fautes dans la gestion, l'ordinaire peut exposer ses fidèles à la commission de certains délits notamment la désobéissance, l'inconstance dans la charge et l'instabilité de domicile assigné de droit pour l'exercice d'un office etc.

Le témoignage est lié à la sainteté. Celui qui rend témoignage exprime ce qui est unique dans sa personne face à ce qui est unique en Dieu. L'essentiel est de vivre en Dieu afin d'être capable d'en faire vivre autrui. Aucune méthode ou artifice ne peut suppléer à cet essentiel. Il ne s'agit pas de jouer au chrétien, ce qui serait une théâtralisation abusive de la *sequela Christi*, une hypocrisie, mais plutôt de devenir chrétien en union avec le Christ.

Dans un monde où la mentalité scientifique omniprésente jouit d'une étonnante propension avec tous ses corollaires, l'on ne croit facilement que ce que l'on voit ; l'Église, signe du salut du monde, doit briller par la vertu. Le témoignage d'une vie chrétienne authentique est le facteur primordial de l'Évangélisation.

Les relations difficiles avec le supérieur, engendrées parfois par l'autoritarisme de ce dernier, les procédures administratives de résolution des conflits mal orientées, l'austérité dans les situations qui requièrent la bienveillance et la bienveillance dans certains cas qui exigent l'austérité, sont souvent la base des comportements déviants qui entrainent certains au délit, à la contumace. Le responsable doit par son témoignage d'une vie exemplaire, cultiver des relations transformantes et transfigurantes avec Dieu et avec les fidèles. Une disposition du canon 787 rappelle l'exigence du témoignage dans le champ missionnaire : « Que par le témoignage de leur vie et de leur parole, les missionnaires instaurent un dialogue sincère avec ceux qui ne croient pas au Christ, afin que d'une manière adaptée au génie et à la culture de ces deniers, leur soient ouvertes des voies qui puissent les amener à connaître le message évangélique. »[56] Cette exigence comportementale dans le cadre de la mission évangélique vaut son pesant d'or dans le domaine pénal. Car le caractère missionnaire de l'Église n'est pas un prosélytisme mais un témoignage de vie qui illumine le chemin, qui porte espérance et amour.

Nous vivons, par ailleurs, un moment de crise qui touche plusieurs secteurs de la vie de l'Église : finances, mœurs, discipline. Dans cette situation complexe où l'horizon du présent et de l'avenir semblent caractérisés par les nuages menaçants, il est encore plus urgent de porter avec courage au sein de chaque réalité l'Évangile du Christ qui constitue une annonce d'espérance, de réconciliation, de communion. Une annonce de la proximité de Dieu, de sa miséricorde, de son salut ; une annonce de la puissance de l'amour qui l'emporte toujours sur les ténèbres du mal et conduit sur le chemin du bien, détourne du chemin de la sanction pénale, lorsqu'on marche sur la voie de la justice. L'homme de notre temps a besoin d'une lumière sûre qui éclaire sa route et que seule la rencontre avec le Christ, notamment à travers celui qui préside la communauté, peut donner. Celui qui préside la communauté est appelé à porter à la communauté, par le témoignage de vie, une piste de justice et d'unité.[57] La lumière dissipe les ténèbres et les ténèbres accoutument les ténèbres. C'est lorsque le témoignage de vie de l'ordinaire est excellent que les autres moyens de sollicitude comme l'annonce de la bonne nouvelle, la discussion persuasive vont bon train. Le témoignage d'une vie exemplaire donne force et vigueur à l'exhortation comme moyen pastoral d'envergure.

---

[56] *CODE DE DROIT CANONIQUE DE 1983*.

[57] FRANÇOIS, *Message Pour la journée des missions,* mai 2013, www.vatican.va, Consulté le 29 mars 2023 à 10h15.

1.2. L'exhortation (Conseils)

Le mot exhortation (du grec parakaléo combine « pará », de près et « Kaléo », appeler) repris plusieurs fois dans le code de droit canonique pio-bénédictin, dans le code de 1983 et dans le livre VI réformé, est un mot qui émane de la Bible. Elle signifie étymologiquement faire un appel proche et paternel. Elle figure une seule fois (Rm 12, 8) dans la liste des charismes exposés dans l'Écriture Sainte. Paul, Jean et d'autres écrivains de la Bible ont interprété ce mot comme un appel intime à d'autres croyants, même lorsque cet appel n'était pas face à face (cf. Philippiens 4, 2). Exhorter était l'une des fonctions essentielles des apôtres, des prophètes et des presbytres. Elle s'enracine dans la vie religieuse de l'Ancien Testament et du judaïsme, et se prolonge dans l'Église catholique actuelle.[58]

Exhortation signifie supplication, avertissement, encouragement, consolation, réconfort ou encore discours persuasif.

En Actes 2, 4, on voit bien l'apôtre qui exhortait (*parakaleo*) les personnes qui étaient dans le cénacle le jour de pentecôte en ces termes : « sauvez-vous de cette génération perverse ». Exhorter a ici le sens de consoler, réconforter, encourager.

Exhorter c'est jouer le rôle de l'Esprit Saint car « parakaleo » en grec, rappelle le mot *paracletos* (paraclet) qui désigne l'Esprit Saint dans le langage biblique. En exhortant, l'Ordinaire joue un rôle divin. Être appelé à l'exhortation par Dieu, ce n'est pas seulement parler aux cœurs des gens, c'est aussi être un puissant intercesseur devant Dieu pour ses brebis.

Exhorter, du grec *anamimnesko*, c'est rappeler les choses, créer un souvenir dans la conscience d'une personne. Dans l'aspect canonique, il consiste pour celui

---

[58] *htt//www.bgospel.com,* consulté le 04/04/2023 à 21h3.

qui préside la communauté à rappeler aux fidèles délinquants le chemin du droit. Paul écrivait à Timothée : « Je t'exhorte (anamimnesko) à ranimer le don de Dieu que tu as reçu par l'imposition de mes mains » (2Tim 3, 6). Un exhortateur dans le cadre biblique est celui qui doit rappeler sans cesse aux autres les prophéties et les promesses qu'ils ont reçues de Dieu. Juridiquement l'exhortateur se charge de rapprocher celui qui est aux abords de la commission d'un délit pour lui rappeler la bonne conduite, conforme au droit et lui faire souvenance des clauses juridiques qu'il va enfreindre, lui présenter les conséquences de la transgression et l'inviter à vivre sur le chemin de la légalité et de la communion ecclésiale.

L'Exhortation renvoie également au partage d'une parole (logos), d'une idée, d'une conception donnée sur un sujet. En Actes 13, 15, il est demandé, après lecture de la loi des prophètes, aux gens présents dans la synagogue, de partager quelque exhortation. Dans ce contexte, l'exhortation se traduit par le mot « logos », c'est-à-dire parole, idée, chose apportée par écrit ou même une doctrine. Nous pouvons situer les exhortations apostoliques des Papes à ce niveau, en tant que document adressé par le Pape aux fidèles de l'Église catholique suite à un synode (assemblée d'Évêques convoquée pour délibérer de problèmes particuliers ou généraux dans l'Église).

Pour exhorter, l'ordinaire n'a pas besoin d'attendre la commission d'un délit. Car l'exhortation est une parole qui consolide, approfondie et enseigne une doctrine, un ordonnancement juridique et un mode de vie digne.

Le canon 1311 invite celui qui préside la communauté non pas à exhorter une fois mais à exhorter plusieurs fois. L'exhortation peut avoir lieu verbalement mais son mode ordinaire est l'écrit. Dans le cas de transfert d'un curé, à titre illustratif, l'exhortation de l'évêque doit être faite par écrit et elle doit être motivée (Cf. Canons 1748-1750).

Le contenu de l'exhortation qui a une visée pastorale peut être doctrinale, théologique ; et selon Ludovic Danto, l'exhortation est une invitation à redécouvrir le droit canonique, car cette science est souvent méconnue. En effet, seule une juste connaissance du droit et de sa doctrine peut nous aider à mieux accueillir l'enseignement de l'Église. Un nouvel encouragement au discernement responsable personnel et pastoral des cas particuliers est nécessaire. La redécouverte des attitudes d'humilité, de discrétion, d'amour de l'Église et de son enseignement est fondamentale.[59] Et l'exhortation est destinée à procurer ces attitudes qui ramènent au chemin de la légalité et de l'engagement à la vie de foi.

En légiférant la nécessité d'exhorter avant d'imposer une sanction pénale, le législateur prend en compte le lien fondamental qui existe entre la miséricorde et la sanction et rappelle à l'évêque qu'avant d'être un juge selon le droit, il est d'abord un pasteur, un berger qui ramène à l'enclos la brebis égarée. C'est d'ailleurs un des fils conducteurs du pontificat du Pape François, le désir d'une Église mue par la miséricorde et au service des plus nécessiteux. Il a opté pour la vision d'un évêque comme pasteur face à l'image de « l'évêque-pilote » ou celle de « l'évêque-prince ». Cet horizon prend racine dans l'Évangile, la Tradition et dans l'ecclésiologie du concile Vatican II.[60] En plus des exhortations, l'ordinaire peut mettre en œuvre la sollicitude pastorale par l'usage de la correction fraternelle.

---

[59] L.DANTO, *Doctrine et exhortation post-synodale Amoris Laetitia*, dans « Revue d'éthique et de théologie morale » 294 (2017), p.1.

[60] D.FARES, *L'odeur du pasteur. La figure de l'Evêque selon le pape François,* dans « Nouvelle revue théologique » 1(2016), p. 1.

1.3 Correction fraternelle (fraterna correctio)

La correction fraternelle est en droit pénal « la démarche préliminaire à un procès par laquelle l'ordinaire cherche, en cas de délit, à réparer le scandale, rétablir la justice, amender le coupable, pour éviter le recours à la procédure pénale proprement dite. »[61] Au canon 1341, le législateur l'impose à l'ordinaire avant d'entamer la procédure judiciaire. Le législateur range la correction fraternelle avant la monition et la réprimande dans la voie qui mène vers la sanction pénale : « L'ordinaire doit entamer la procédure judiciaire ou administrative en vue d'infliger ou de déclarer les peines dès qu'il aura constaté que ni les moyens de la sollicitude pastorale, surtout la correction fraternelle, ni la monition ni la réprimande ne peuvent suffisamment rétablir la justice, amender le coupable, réparer le scandale. »[62]

L'expression correction fraternelle que nous trouvons au canon 1311 et 1341 est d'origine biblique. Elle est explicitement une référence à Mt 18, 15-17 : « Si ton frère a péché, va et reprends-le entre toi et lui seul. S'il t'écoute, tu as gagné ton frère. Mais s'il ne t'écoute pas, prends avec toi une ou deux autres personnes, afin que toute l'affaire se règle sur la déclaration de deux ou de trois témoins. S'il refuse de t'écouter, dis-le à l'Église ; et s'il refuse aussi d'écouter l'Église, qu'il soit pour toi un païen et un publicain ».[63] La référence est également faite à Tite 3, 10-11.

En tout état de cause, ce retour aux sources scripturaires de la correction fraternelle montre que si elle est appliquée avec amour, elle peut atteindre la visée

---

[61] J. WERKCKMEISTER, *Petit dictionnaire de droit canonique*, Cerf, Paris, 1993, p.73.
[62] *CODE DE DROIT CANONIQUE*, LIVRE VI 2021, CANON 1341.
[63] *LA BIBLE DE JERUSALEM…*

corrective qui rend la sanction pénale d'aucune importance si à l'issue d'une correction fraternelle le délinquant vient à résipiscence.

Selon le Pape François, « la règle suprême concernant la correction fraternelle est l'amour : vouloir le bien de nos frères et sœurs. L'encyclopédie catholique définit la correction fraternelle comme « l'admonestation du prochain par un particulier dans le but de le réformer ou, si possible, d'empêcher son indulgence pécheresse ».[64]

La correction fraternelle se justifie par notre propre faiblesse. Pour François, lorsqu'on est tenté de juger les autres, nous devons plutôt réfléchir sur notre propre faiblesse. Faire le commérage sur notre prochain, ce n'est pas selon l'Esprit. Ce qui est selon l'Esprit, c'est d'être doux avec un frère ou une sœur en le ou la corrigeant et veiller sur nous-mêmes pour ne pas tomber dans ces péchés.[65]

Selon l'esprit du canon 1311, la correction fraternelle n'est pas une étape d'un procès déjà entamé. C'est une démarche d'explication entre chrétiens. Pour être fraternelle, la correction est envisagée comme une démarche pastorale et un service spirituel rendu par celui qui dirige la communauté.

Pour un Évêque, la pratique de la correction fraternelle qui plonge ses racines dans l'Évangile est une manifestation de la confiance et d'affection surnaturelle qui surpasse son pouvoir de contraindre par la sanction pénale qui n'est usée qu'en tant qu'extrême moyen en vue d'amender le coupable, rétablir la justice et réparer le scandale.

Le canon 1311 ne recommande pas la correction comme un moyen procédural ou une formalité à accomplir

---

[64] FRANÇOIS, *Audience générale* du mercredi 03 novembre 2021/7 :13pm www.vaticannews.va consulté le 04 mars 2023 à 22h20.
[65] *Ibidem.*

pour se hâter vers la sanction pénale, car elle ne naît pas de l'irritation d'une offense subie, ni de la mégalomanie ou de la vanité blessée face aux fautes des autres.
Seul l'amour doit motiver la correction fraternelle. Nous devons donc corriger par amour ; non pas avec le désir de nuire, de camoufler une pseudo proximité comme moyen de diversion, mais avec l'intention aimante d'amener à l'amendement et à la discipline dans la foi.

La correction fraternelle est un devoir de justice, une exigence de charité. Dieu rappelle cette obligation dans l'Ancien Testament dans cet avertissement à Ézéchiel : « Toi, Fils de l'homme, je t'ai établi comme sentinelle de la maison d'Israël : tu écouteras la parole de ma bouche et tu les avertiras de ma part. Si je dis au méchant :" Méchant, tu vas mourir" et que tu ne parles pas pour détourner le méchant de sa voie, ce méchant mourra à cause de lui, mais je réclamerai son sang de ta main. Mais si tu avertis le méchant de se détourner de sa voie et qu'il ne s'en détourne pas, il mourra pour sa faute mais tu auras sauvé ta vie ». (EZ 33,7-9)[66]

La même idée apparaît dans le Nouveau Testament. Saint Paul considère la correction fraternelle comme le moyen le plus approprié pour ramener ceux qui se sont écartés du droit chemin : « Si quelqu'un n'obéit pas à ce que nous disons dans cette lettre (...) ne le regardez pas comme un ennemi, mais corrigez-le comme un frère ».[67] Ces thèses vétérotestamentaires et néotestamentaires sont inspiratrices du canon 1341 et 1311. Ce qui peut accréditer la considération du droit canonique comme une théologie légiférée. Et son aspect pénal renforce sa visée salvifique : « ...et prae oculis habita salute animarum, quae in Ecclesia suprema semper lex esse debet »[68] (...et sans perdre de vue

[66] *BIBLE DE DE JERUSALEM...*
[67] *Ibid.*, Ga 6, 1.
[68] *CODE DE DROIT CANONIQUE DE 1983*, Canon 1752.

le salut des âmes qui doit toujours être dans l'Église la loi suprême).

Face aux fautes des frères, l'indifférence et la passivité sont des attitudes à reprouver. Il est peu utile de se plaindre ou d'accuser sans retenue. « Une correction amicale est plus utile qu'une accusation violente ; la première inspire la componction, la seconde excite l'indignation ».[69]

La correction fraternelle est applicable à tous les sujets des droits et devoirs, chacun selon sa condition. Le canon 1311 incombe un devoir particulier de pratiquer la correction fraternelle à tous ceux qui occupent une position d'autorité, de direction dans l'Église et ses institutions. Ceux qui président la communauté, ceux qui accomplissent des tâches de gouvernement ou de formation ont une responsabilité spécifique pour la pratiquer. C'est dans ce sens que Saint JOSEMARIA enseigne : « quelle grande facilité -et parfois quel grand manque de responsabilité - quand on est investi d'autorité, que de fuir la douceur inhérente à la réprimande, sous prétexte d'éviter aux autres de souffrir. Peut-être évitera-t-on ainsi des contrariétés dans cette vie…, mais au risque de perdre le bonheur éternel et, celui des autres par des omissions qui constituent de véritables péchés. »[70]

L'exercice de la correction fraternelle par l'ordinaire est une prise de conscience de sa responsabilité pour la sainteté des autres. C'est la prise en compte de son devoir d'aider chaque baptisé à persévérer dans le chemin de la sainteté et le respect des normes de l'Église.

L'autorité ne peut pas se dédouaner du devoir de la correction sous prétexte de l'inopportunité de la correction par son indignité ou l'impossibilité d'être écouté, la peur de

---

[69] SAINT AMBROISE, *Catena Aurea, VI.*
[70] SAINT JOSEMARIA, *Forge,* n° 577.

mal paraitre, un esprit de confort excessif. Car la correction rend vive la conscience de la communion des saints.

Pour que la correction fraternelle soit efficiente, le corrigé doit activer le désir de sainteté et trouver dans l'admonition reçue une grâce pour améliorer la fidélité à Dieu, faciliter la correction et le respect de l'ordonnancement canonique, chemin juridique qui mène au salut. Il est appelé à accepter avec gratitude, sans discuter ni donner des excuses car il doit trouver dans celui qui corrige un frère soucieux de lui épargner la sanction pénale et de promouvoir son bien, sa sainteté.

Puisque la correction fraternelle porte un avertissement ayant un but surnaturel, la sainteté, le salut de l'âme en prévenant l'infliction de la peine canonique, celui qui corrige doit discerner l'opportunité de la correction et la manière la plus prudente de l'appliquer, afin d'éviter d'humilier celui qui est corrigé ou d'appliquer la correction dans les délits plus graves qui urgent l'intervention pénale des instances supérieures ou des dicastères compétents pour certains délits ou encore dans les peines encourues *latae sententiae*.

Dans l'esprit du canon 1311, la correction fraternelle ne s'exercera pas dans l'anonymat. La loyauté conduira celui qui préside la communauté à corriger sans anonymat, sans prétention et sans dévalorisation, avec la franchise de celui qui cherche le bien de l'autre et promeut la sainteté dans l'Église. Celui qui corrige doit être ferme, car la correction comme moyen de sollicitude pastorale requiert la fermeté nécessaire, qui n'est pas incompatible avec la gentillesse et la douceur.

La correction fraternelle peut porter sur les habitudes contraires aux commandements divins et les canons du code de droit canonique. Elle peut également porter sur les attitudes et les comportements qui se heurtent au témoignage de vie que le fidèle doit manifester en toutes circonstances. Les fautes isolées commises, si elles constituent un grave préjudice pour la vie chrétienne de la personne concernée ou pour le bien de l'Église, n'échappent pas non plus à la correction fraternelle.

La correction fraternelle est donc un moyen de sollicitude pastorale indispensable avant d'appliquer la sanction pénale. Le témoignage, l'exhortation et la correction fraternelle ne sont pas les seuls moyens de sollicitude pastorale qui environnent la sanction pénale, il existe également des remèdes pénaux, qui sont des moyens à la disposition de l'autorité, pour éviter l'usage de la sanction qui demeure, on ne le dira jamais assez, un dernier et extrême moyen à user avec équité canonique pour amender le coupable, rétablir la justice et réparer scandale.

Art. 2. LES REMEDES PENAUX

2.1 La monition ou *monitio*

Au canon 1339 du livre VI réformé, le législateur consacre le premier paragraphe à la monition : « A la personne qui se met dans l'occasion proche de commettre un délit ou sur laquelle, après une enquête sérieuse, pèse un grave soupçon d'avoir commis un délit, l'ordinaire peut faire une monition par lui-même ou par autrui. »[71]

Le canon précité détermine ce qui rend applicable la monition (la proximité au délit ou la présomption d'un délit révélée par l'enquête) et l'auteur juridique de la monition à savoir l'ordinaire ou celui qui agit en vertu de sa délégation. En effet, la sémantique du mot monition est plurivoque dans l'Église. Dérivée du verbe latin *monere* qui veut dire avertir, la monition peut signifier un avertissement de type disciplinaire ou pénal, telle l'expulsion d'un membre d'une

[71] *CODE DE DROIT CANONIQUE*, LIVRE VI 2021, canon 1339

association (Cf. canon 316 §2) ou d'un institut religieux (Can. 697). Dans la célébration de la liturgie, elle désigne des précisions sur le sens d'un texte d'Écriture qui va être lu, ou sur la célébration elle-même. Elle peut qualifier également l'exhortation du célébrant à l'assistance ; ou dans le cas du sacrement de réconciliation, l'encouragement et le conseil du célébrant.

En droit pénal canonique, la monition est un remède pénal, premier degré de la sanction avant la réprimande et la peine proprement dite (can.1339 §1). Il s'agit d'un avertissement adressé par l'ordinaire à la personne qui risque de commettre un délit ou qui est gravement soupçonnée d'en avoir commis un.[72]

L'usage de la monition dans l'Église est inspiré des écrits matthéens, notamment le chapitre 18, lorsque Jésus trace aux disciples le mode de réglementation des litiges avec les tiers. Dans l'Église primitive, les monitions étaient non seulement verbales, mais aussi sans formalité procédurale bien réglementée. Les dispositions des anciens canons ne leur donnaient pas moins d'effets : il était ordonné que celui qui aurait méprisé ces monitions serait privé de plein droit de son bénéfice.

Le concile des années 625 ou 630 dans la Province de Reims, du temps de SONNATIUS qui en était archevêque, atteste l'usage des monitions. Mais les formalités judiciaires qui accompagnent ordinairement ces monitions ne furent introduites que par le code de droit canonique de 1917 (Cf. canons 2306, 2309).

Le concile de Trente recommandait que ces monitions, procédures et condamnations, se fissent sans bruit et sans éclat, lorsqu'il dit que la correction des mœurs des personnes ecclésiastiques appartient aux évêques seuls, qui peuvent, *sine strepitu et figura judicii*, rendre des

---

[72] J. WERCKMEISTER, *Petit dictionnaire de droit canonique…*, p.14O.

ordonnances. Le concile souhaitait que cela se fit comme dans l'Église primitive, mais craignit que les supérieurs ne portassent leur autorité trop loin, ou que les inférieurs n'abusassent de la douceur de leurs juges.[73] Quoique toutes les personnes ecclésiastiques soient sujettes aux mêmes lois, le concile de Trente fit remarquer que les bénéficiers, pensionnaires, ou employés à quelque office ecclésiastique, sont obligés, encore plus étroitement que les simples clercs, à observer ce qui est contenu dans les canons. C'est pourquoi, il voulut que les ecclésiastiques du second ordre, les pensionnaires, ou ceux ayant emploi et office dans l'Église, lorsqu'ils étaient connus pour concubinaires, soient punis par la privation, pour trois mois, des fruits de leur bénéfice, après une monition et qu'ils soient employés en œuvres pies. En cas de récidive, après la seconde monition, qu'ils soient privés du revenu total pendant le temps qui sera avisé par l'ordinaire du lieu ; et après la troisième monition, si la récidive persiste, qu'ils soient privés pour toujours de leur bénéfice ou emploi, déclarés incapable de les posséder, jusqu'à ce qu'ils s'amendent et qu'ils soient dispensés… (Concile de Trente, sess. XXV. Ch. Xiv).

Il ressort que les monitions pouvaient être adressées à quelqu'un trois fois. Elles s'appliquaient selon deux modes différents : le premier est celui emprunté à l'Évangile, c'est-à-dire, celui adressé verbalement par l'évêque ou le supérieur, en secret. Il n'était pas sûr de procéder extraordinairement après de pareilles monitions, des accusés déniaient parfois d'avoir reçu des monitions verbales. Le second est celui qui se constitue par des actes judiciaires, de l'ordre de l'Évêque ou de l'official, à la requête du promoteur ; c'est la monition la plus sûre et

---

[73] D.DIDEROT et D'ALAMBERT Jean, *Encyclopédie ou dictionnaire raisonné des sciences, des arts et des métiers,* 1ere édition, Tome 10, Paris, 1751, p.642.

préférable juridiquement, parce que permet d'en garder la trace dans les archives.

Avant de procéder aux monitions, les évêques ou les promoteurs devaient être assurés du fait qui les motive par les dénonciations, la clameur publique ou d'autres voies. C'est alors que le promoteur rendait plainte à l'official, qui se chargeait d'informer et après information procéder à des monitions suivant l'exigence des cas.

Après la première monition, le délai expiré, l'official pouvait continuer l'information sur la récidive et sur le réquisitoire du promoteur, qui pouvait donner sa requête à l'official, pour pouvoir déclarer les peines portées par les canons, encourues.

En vertu de l'ordonnance de l'official, le promoteur signifiait une seconde monition, après laquelle il pouvait encore continuer l'information sur la récidive. Sur les conclusions du promoteur, l'official rend un décret que l'on signifie avec la troisième monition.[74]
Dans ces circonstances, si après interrogatoire l'accusé obéit aux monitions, les procédures s'arrêtaient là. C'est l'esprit de l'Église qui ne veut pas la mort du pécheur mais sa conversion. Si au contraire, l'accusé persévère dans ses désordres, on continue l'instruction du procès à l'extraordinaire, par récolement et confrontation. Dans la mesure où les monitions ont été verbales et que l'accusé les dénie, on recourait à la preuve par témoins.[75]

En ce temps, les monitions étaient adressées aux ecclésiastiques pour des questions variées, en l'occurrence les questions qui touchent la décence et les mœurs, les habillements peu convenables à l'état ecclésiastique, le défaut de résidence et tout ce qui avait rapport à l'observation des canons et des statuts synodaux.

---

[74] *Ibidem.*
[75] *Ibid.*, p. 643.

Cela étant, les censures que le juge de l'Église prononçait, devaient être précédées des monitions canoniques. Ordinairement, trois monitions étaient donc adressées au concerné ; entre chacune d'elles, il y avait un intervalle d'au moins deux jours. Cependant, lorsque l'affaire est extraordinairement pressante, l'intervalle et même le nombre des monitions pouvaient être diminués ; et ainsi n'adresser que deux monitions, ou même une seule, en avertissant dans l'acte que la seule et l'unique monition tient lieu de trois monitions canoniques, vu l'état de l'affaire qui ne permet pas que l'on suive les formalités ordinaires.[76]

Dans le livre VI réformé, la monition est explicitement rangée dans le chapitre troisième, qui traite des remèdes pénaux et les pénitences. Le législateur précise au canon 1339, paragraphe premier, à qui peut-on adresser une monition sans donner des détails procéduraux qu'on retrouve dans la tradition canonique. Elle s'adresse à celui qui est proche de commettre un délit, ou à celui sur qui pèse un grave soupçon d'avoir commis un délit. Autrement dit la monition ne s'adresse pas au délinquant, mais à un présumé délinquant et à celui qui, par son agir, se rapproche de la commission d'un acte délictueux.

En sus, une question légitime mérite d'être posée : combien de monitions peut-on légitimement adresser à celui qui en mérite ?

Contrairement à la pratique ancienne qui préconisait trois monitions, hormis les cas dont l'urgence imposait la diminution, le livre VI réformé comme le code de 1983 ne précise pas explicitement le nombre de monitions à adresser au concerné. Si au premier paragraphe du canon 1339 le législateur recommande à l'ordinaire de faire une monition et au paragraphe troisième recommande de garder la trace

---

[76] M.DUPERRAY, *De l'état et la capacité des ecclésiastiques* cité par D. DIDEROT et D'ALAMBERT Jean, *Op. Cit.,* p.642.

certaine de la monition et la réprimande dans les archives, au quatrième paragraphe dudit canon le législateur parle des monitions et corrections qui, si elles sont faites en vain, une ou plusieurs fois, si on ne peut attendre d'elles aucun effet, l'ordinaire applique un précepte pénal.

Le législateur ne fixe donc pas un nombre précis des monitions et laisse à l'ordinaire la liberté d'agir selon son jugement prudent en cette matière.

Au regard de tout ce qui précède, il sied de rappeler que la monition comme en disposent les différents codes, c'est un avertissement adressé par un ordinaire, ou son délégué légitime, à un chrétien qui se trouve dans l'occasion proche de commettre un délit ou qui, après enquête, inspire de graves soupçons d'avoir déjà commis un délit (Cf. canons 2307 CIC 1917 et 1339 CIC 1983).

Une monition peut être paternelle ou canonique. Elle est paternelle lorsqu'elle est infligée en vertu du pouvoir dominatif (exemple, celui d'un supérieur religieux) en vue d'amender le sujet. La monition est canonique, lorsqu'elle procède du pouvoir de juridiction en vue du bien commun.[77]

La monition peut être secrète ou publique. La monition publique est donnée devant le notaire ou en présence de deux témoins ou par lettre recommandée. La conservation d'une copie de la lettre ou le procès-verbal de la monition donnée devant les témoins dans les archives secrètes de l'évêché est un devoir canonique (canon 1339 §3 CIC 1983, livre VI réformé). Selon le *Dictionnaire de droit canonique*, l'Instruction de 1880 admettait la possibilité des monitions à la fois paternelle, secrète et canonique.[78]

---

[77] R.NAZ (Dir), *Dictionnaire de droit canonique*, Tome I, Letouzey et Ané, Paris, 1935, p.576.

[78] *Ibidem.*

La monition n'est pas l'ultime moyen qui mène à la sanction pénale. Après la monition, le législateur prévoit d'autres remèdes pénaux, notamment la réprimande.

2.2. La réprimande (correptio)

La réprimande est un remède pénal -degré intermédiaire entre la simple monition et la sanction pénale - adressé par l'ordinaire à quelqu'un qui a commis un délit ou provoqué un scandale ou une grave perturbation de l'ordre (Cf. canon 1339 §2 CIC 1983, livre VI réformé).
Il s'agit dans le paragraphe 2 de ce canon de la matière de la réprimande, l'auteur et le sujet d'une réprimande. (Et selon le canon 1340 §3 CIC 1983, l'ordinaire peut adjoindre des pénitences au remède pénal de la monition ou de la réprimande).

En effet, pour comprendre l'esprit du législateur sur l'usage de la réprimande, il y a lieu d'en dénicher le sens, l'origine canonique et les caractéristiques.
Le mot *correptio* traduit par réprimande dérive du verbe latin *corripere* (utilisé au canon 1339 §2) qui veut dire blâmer, reprendre, gronder, réprimander. La *correptio* est l'acte par lequel on reproche à quelqu'un sa manière d'agir répréhensible, on le réprimande pour sa mauvaise conduite.[79]
L'usage canonique de la réprimande trouve ses racines dans l'Écriture Sainte. L'esprit de mansuétude que préconise la péricope de Mt 18, 15-18 appliquée fréquemment dans la correction fraternelle, poussa les juges ecclésiastiques, particulièrement les évêques, à éviter de recourir facilement au jugement criminel. C'est ainsi qu'on trouva la trace de l'emploi juridique de la réprimande dans les décrétales. Elle fut retrouvée également dans les Directives données par le

---

[79] *Ibid.*, p.690.

pape Innocent IV aux métropolitains pour la visite de leur province (1, III, tit. XX, c. 1, in VI°), et surtout dans le Concile de Trente marqué par la fidélité à la doctrine évangélique et le souci de l'amendement des coupables pour contourner les moyens énergiques et coercitifs. Ce concile rappela aux évêques et ordinaires qu'ils sont des pasteurs et non de bourreaux (Conc. Trid., sess. XIII, De ref., cap. 1). En dépit de cela, c'est l'Instruction de la Sacrée congrégation des Évêques et Réguliers du 11 juin 1880 qui formalisa l'usage des remèdes d'ordre pénal dans la loi canonique, et donc de la réprimande, bien que l'Instruction n'en fît pas mention explicite et l'engloba dans la monition.[80]

Par ailleurs, dans le livre VI reformé, le législateur aborde la question de la réprimande à deux endroits : au canon 1339 §2 dans le titre qui traite des remèdes pénaux et pénitences, ainsi qu'au canon 1341 dans la matière qui développe l'application de la peine où la réprimande est présentée comme moyen pour éviter le jugement criminel. Considérant la place que le législateur accorde à la réprimande parmi les remèdes pénaux et l'obligation qu'il en fait avant d'entamer la procédure judiciaire, notre analyse retient quelques éléments importants :

1. La Réprimande ne peut être infligée que lorsqu'il y a la violation d'une loi. Elle n'est possible que là où il y a scandale, trouble grave de l'ordre publique ; ce qui suppose une violation d'une loi ecclésiastique. Il est avéré que le scandale et la perturbation grave de l'ordre publique sont toujours susceptibles d'occasionner la violation de la loi et de fait provoquer l'intervention de l'autorité. La réprimande appartient au droit pénal et nécessite une faute externe, subjective et objective. On ne peut adresser des réprimandes sans motif. Le législateur accorde une certaine sécurité juridique aux administrés. C'est dans cette logique

[80] *Ibidem.*

que LE TOURNEAU affirme : « il pouvait donc apparaitre important de donner une certaine sécurité ou une assurance juridique aux administrés. Deux principes, que le professeur Hervada a qualifiés de droit naturel subséquent et, par rapport au délinquant potentiel, de droit naturel dérivé, s'imposent : d'une part le principe *nullum crimen sine lege* et de l'autre, *nulla poena sine lege*. »[81] Ce principe de légalité, qui émane du canon 221 §3, s'applique dans l'Église, bien qu'avec le bémol du canon 1399. Nous pouvons ainsi considérer qu'il ne peut avoir de réprimande sans violation de loi.

2. La loi violée qui implique une réprimande n'est pas nécessairement une loi pénale. L'extrait du canon 1339 §2 est sans ambiguïté : « à la personne dont le comportement a provoqué un scandale ou une grave perturbation de l'ordre, l'ordinaire peut donner une réprimande… ». Cela signifie que la réprimande peut être infligée sans violation d'une loi ou d'un précepte pénal. À titre illustratif, les visites répétées d'un clerc à une femme, qui donne l'impression de vivre dans un concubinage habituel, pourront être une occasion de scandale pour les fidèles. Il y aura la violation d'une loi ecclésiastique, puisque l'Église interdit aux clercs pareilles familiarités, surtout en contexte actuel saturé par les scandales qui bousculent l'Église. Par contre, dans les circonstances ordinaires, cette violation ne sera pas un délit puisque la loi n'est sanctionnée par aucune peine.[82] Le canon 2308 CIC 1917 indique explicitement que la réprimande trouvera ordinairement son application en cas de violations répétées d'une loi ecclésiastique ou de mauvaise conduite habituelle.

---

[81] D. LE TOURNEAU, *L'interprétation du droit fondamental des fidèles à être jugés selon le droit (C.221§3)*, dans « Forum canonicum » 7 (2012), p. 161.
[82] R. NAZ, *Op. Cit.*, p.692.

3. La loi violée peut être une loi pénale. D'aucuns pourraient penser le contraire, s'il faut prendre en compte l'idée de remède pénal développée par certains canonistes. Ils accordent aux remèdes pénaux un rôle uniquement préventif. Pour Cance par exemple : « on appelle remèdes d'ordre pénal, les moyens que peut employer un supérieur compétent pour écarter des occasions de délit ou réprimer des fautes graves qui ne constituent pas des délits. »[83]

Les tenants de cette idée peuvent s'appuyer sur le canon 1312 §3 qui reprend presque la même considération : « en outre, sont employés des remèdes pénaux et des pénitences, dont il s'agit aux cann.1339-1349 ; les premiers surtout pour prévenir les délits, les secondes plutôt pour remplacer une peine ou l'augmenter ».[84]

Cette ambiguïté est entretenue par le fait qu'aucune définition du remède pénal n'est donnée dans le code de 1983. Il se contente de parler de la monition et la réprimande.

Le code pio-bénédictin par contre, en son canon 2306 énumère quatre remèdes pénaux sans les définir non plus : la monition, l'avertissement (correptio ou réprimande), le précepte et la vigilance (Cf. canon 2307-2311 CIC 1917). Certaines critiques peuvent récuser la dénomination de remèdes pénaux à ces remèdes en prétextant la non-commission d'un délit au moment de leur application.

À l'état actuel, il est réducteur de penser que les remèdes pénaux se cantonnent à la prévention des délits pour autant qu'en vertu du canon 1339 §2, le législateur recommande d'infliger une réprimande en cas de provocation d'un scandale, de perturbation de l'ordre. Le scandale et la perturbation de l'ordre supposent la commission d'un délit. Ainsi, il est arbitraire de restreindre le remède pénal, en particulier la réprimande, à la punition

---

[83] CANCE cité par R. NAZ, *Op. Cit.*, p.193.

[84] *CODE DE DROIT CANONIQUE DE 1983*, Livre VI réformé

des fautes qui ne sont pas des délits. Le remède pénal, en particulier la réprimande, est une sanction des délits véritables, et non seulement des simples fautes.[85] C'est ainsi que le législateur du livre VI réformé en 2021 affirme au canon 1342 §1 : « chaque fois que des justes causes s'opposent à un procès judiciaire, la peine peut être infligée ou déclarée par décret extrajudiciaire, selon le canon 1608. Les remèdes pénaux et les pénitences peuvent être appliqués par décret dans tous les cas. » Cela élargit le domaine d'application des remèdes pénaux qui ne se cantonnent pas un rôle préventif et rejette donc l'idée que les remèdes pénaux devaient être supprimés, parce que la correction fraternelle ou les autres moyens de la sollicitude pastorale les remplacent de façon plus humaine en terme et en contenu. Le canon 1348 CIC 1983 livre VI réformé ajoute un plus de compréhension à l'extension des remèdes pénaux : « lorsqu'un accusé est absous d'une accusation, ou bien lorsqu'aucune peine ne lui est infligée, l'ordinaire peut pourvoir à l'intérêt du coupable et au bien public par des monitions appropriées et d'autres moyens de sollicitude pastorale, ou même, si l'affaire le demande, par des remèdes pénaux. »

4. La réprimande est un remède : toute sanction dans l'Église a pour visée l'amendement du coupable… Cet idéal est plus tonique dans les peines médicinales mais n'en est pas moins dans les peines expiatoires. Ce caractère est particulièrement marqué dans les remèdes pénaux. Leur usage est la concrétisation des conseils du concile de Trente, reproduits par le canon 2214 §2 du code pio-bénédictin, repris au canon 1311 §2 du livre VI du CIC/1983 réformé par le pape François en 2021. Si l'amendement du coupable peut s'acquérir par des moyens plus doux que les peines ordinaires, un procès et une sentence judiciaire, l'Église opte pour le moyen le plus

---

[85] R.NAZ, *Op.cit.*, p.693.

bénin, pourvu que cette manière d'agir n'entraine aucun préjudice pour cette autre fin de la peine ecclésiastique qu'est la réparation du scandale, et que par conséquent, le délit n'ait causé un tel dommage à l'édification des fidèles que ce dommage ne puisse être réparé par le seul amendement du coupable. La réprimande a un caractère à la fois curatif et répressif. Employée comme moyen préventif, la réprimande vise à empêcher de tomber dans un délit, celui qui, par sa mauvaise conduite, a déjà donné des signes de sa propension au mal. Si le délit a déjà été commis, la réprimande aura non seulement pour but de conduire à l'amendement du coupable, de le ramener dans la bonne voie, mais aussi de prévenir une rechute possible.[86]

5. La réprimande est un remède pénal. Non seulement son mode de châtiment est plus doux que la peine ordinaire mais également elle a des effets plus bénins et son mode d'application moins rigoureux. L'Église en use malgré le délit déjà commis, car elle espère toujours que la mansuétude a plus d'effets que l'usage de la rigueur. Mais pour prévenir les retours des semblables fautes, elle châtie en même temps le coupable pour ce qu'il a déjà commis comme délit. Le caractère pénal est ainsi inhérent à toute réprimande, particulièrement lorsque celle-ci vise la répression d'un délit, lorsqu'elle est utilisée pour remplacer la peine ordinaire (Cf. canons 1342, 1348).

Par ailleurs, si l'ordinaire peut faire une monition par lui-même ou par autrui (canon 1339 §1), la réprimande est faite par l'ordinaire (canon 1339 §2). Il ne semble pas avoir une différence de nature mais d'intensité ou de degré entre monition et réprimande. La démarcation ne semble pas très prononcée. Dans l'une comme dans l'autre, il y a un reproche de l'ordinaire mais dans la réprimande, ce reproche est plus accusé, avec un ton plus sec et un regard sévère. Le code en vigueur ne donne pas assez de détails sur

---

[86] *Ibidem.*

les espèces de réprimande et leur mode d'application. Toutefois, comme la monition, la réprimande peut être publique ou secrète, mais on doit en garder la trace dans les archives secrètes de la curie (Cf. Canon 1339 §3). La monition et la réprimande peuvent être réitérées, et plusieurs fois, suivant le jugement prudent du supérieur (canon 1339 §4). Mais la réprimande contrairement à la monition ne peut être infligée qu'à la suite d'un scandale ou d'un grand trouble de l'ordre public.

La réprimande ne peut être publique que si le coupable a été convaincu d'un délit ou l'a avoué ; une pareille réprimande est appelée judiciaire, quand elle est infligée au tribunal par le juge ou par l'ordinaire avant un procès criminel (Cf. can.2309 §3 et 4 CIC 1917). Il ressort que la réprimande publique est extrajudiciaire ou judiciaire. Elle est extrajudiciaire si elle n'a aucun rapport avec le jugement criminel et se fait en dehors de toute procédure judiciaire (Cf. canon 1342 §1 CIC 1983 livre VI réformé). Cela exige l'existence réelle d'un délit, la certitude du délit, seul l'ordinaire en détient la teneur et son application lui est réservée.[87]

La réprimande publique judiciaire a deux espèces bien différentes : l'une est destinée à éviter le jugement criminel en se substituant à lui, et peut avoir lieu avant le début du procès ou une fois qu'il est commencé ; l'autre peut trouver place à la conclusion du procès, au moment où le juge prononce la sentence. Deux moyens s'offrent ainsi à l'ordinaire pour la répression du délit : il peut employer le jugement criminel ou se contenter de la réprimande judiciaire.

Une fois en présence de l'ordinaire, le délinquant doit être interrogé. Il ne s'agit pas de l'interrogatoire détaillé qui a lieu au cours d'un procès ; ici les questions doivent rester générales. S'il avoue, c'est alors que la

---

[87] *Ibid.*, p. 695-696.

réprimande judiciaire peut trouver sa place. La réprimande judiciaire ne peut trouver sa place, si le délinquant n'avoue pas, s'il s'agit d'un délit grave, que cette gravité soit absolue ou relative. La réprimande judiciaire n'a pas sa raison d'être, dans le cas d'un délit dont la dispense est réservée au Saint-Siège, lorsque l'ordinaire ne juge pas la réprimande suffisante à la réparation du scandale et au rétablissement de la justice, dans les cas où la réprimande judiciaire a déjà été employée une ou deux fois pour le même délinquant. Elle est en outre inadéquate, quand il s'agit de prononcer la sentence déclaratoire d'une censure déjà encourue. La seule réprimande qui appartient au juge siégeant à un tribunal, est celle qui a lieu à la conclusion du jugement, au moment de la sentence. Dans ce cas, la réprimande n'a plus pour objectif d'éviter le jugement mais de se substituer à la peine ou l'aggraver.[88]
Avant d'infliger une sanction pénale, en plus de la monition et la réprimande, le législateur suggère un autre moyen pour hâter l'observance de la loi et rappeler à l'ordre. Il s'agit du précepte pénal.

2.3 Le précepte pénal

On ne peut parler de l'environnement de la sanction pénale, analyser les moyens de sollicitude pastorale notamment la monition et la réprimande, sans parler du précepte pénal. En effet, selon le canon 1339 du code de 1983 livre VI réformé en 2021, « Si des monitions ou des corrections ont été faites en vain, une ou plusieurs fois à une personne, ou si on ne peut attendre d'elles aucun effet, l'ordinaire donnera un précepte pénal, dans lequel il prescrira avec précision ce qui doit être fait et ce qui doit être évité. »[89]

---

[88] *Ibid.*, p.700.
[89] *CODE DE DROIT CANONIQUE DE 1983, CANON 1339 §3.*

Il est question d'un moyen canonique pour hâter l'observance de la loi, là où son observance est visiblement en train de sombrer. Ce paragraphe fixe la modalité d'application, le sujet du précepte pénal et son auteur conformément au droit.

En effet, une décision de l'ordinaire peut être imposée aux sujets pour fixer une façon de se comporter dans la communauté, une manière d'agir ou de s'abstenir d'une action. Un tel décret s'appelle précepte. Il a pour but primordial d'urger l'observance de la loi (can.49). Le précepte est donc, dans ce cas, une espèce de décret.[90] Le précepte est dans ce cadre une prescription adressée à un destinataire limité. Le précepte est un décret administratif particulier, en tant que décret adressé à une ou plusieurs personnes déterminées. Il est pénal lorsqu'on lui attache une sanction canonique déterminée ou indéterminée, ayant un caractère impératif, comportant un ordre direct de faire ou de ne pas faire.[91] Ce type d'ordre exige que celui qui l'impose ait la compétence non seulement sur la matière, mais aussi sur la personne qui doit obtempérer ; et que ce qui est exigé soit prévu par le droit canonique en vertu du principe de légalité légiféré au canon 221§3.

En outre, le précepte pénal a la particularité de contenir la menace d'une peine. Celui qui n'a qu'un pouvoir exécutif, sauf délégation expresse du législateur, ne peut l'imposer que s'il s'agit d'une réitération ou détermination de celle qui lie déjà le destinataire. (Cf. canon 30). Le canon 1319§1 et 2 retient ce qui suit : « Dans la mesure où quelqu'un peut, en vertu de son pouvoir de gouvernement, imposer des préceptes au for externe, suivant les dispositions des cann.48-58, il peut aussi, dans la même mesure, menacer par précepte des peines déterminées, à l'exception des peines expiatoires

---

[90] F.J. URRUTIA, *Op.cit.*, p.199.
[91] J. WERCKMEISTER, *Op.cit.*, p.161.

perpétuelles. Si après avoir murement pesé l'affaire, un précepte pénal doit être porté, il faut observer les dispositions des cann.1317 et 1318 »[92] Pour ce faire, le précepte pénal contient toujours la menace d'une sanction pénale.

Jadis, l'Instruction de 1880 voulait que le précepte pénal fût intimé par le chancelier en présence du vicaire général ou deux témoins. L'acte devait être signé par toutes les personnes présentes. Le vicaire général pouvait déférer le serment de garder le secret. Ces formalités non reprises dans le code actuel, ne sont pas de mise aujourd'hui. Selon le code pio-bénédictin, il suffisait d'intimer le précepte devant un ecclésiastique de la curie ou deux témoins ou encore par lettre recommandée (Cf. canon 24, 2143, 2225 CIC 1917).

En fait, sauf quand le précepte est négatif (s'abstenir de tel acte), il faut fixer un délai à l'expiration duquel le coupable encourra la peine, s'il n'a pas obéi. Si pendant le délai, le coupable introduit un recours à l'autorité supérieure, le précepte est suspendu et la peine ne pourrait être infligée que dans le cas où le droit canon exclut appel et recours.[93]

Le précepte pénal obéit aux normes générales de notification et d'intimation en cas d'exécution en forme commissoire conformément aux canons 51-56.

Il convient de noter, avant de clore ce point, qu'il a existé dans le code pio-bénédictin deux autres remèdes pénaux qui, aujourd'hui, ont presque disparu : la commination et la vigilance. La commination est une menace faite à un chrétien par un supérieur ecclésiastique, de lui infliger une peine canonique, s'il vient à commettre tel manquement déterminé contre la loi divine ou

---

[92] *CODE DE DROIT CANONIQUE DE 1983*, LIVRE VI 2021, CANON 1319.

[93] R.NAZ, *Op.cit.*, p.577.

ecclésiastique. Elle s'infligeait sous forme de monition ou de précepte particulier. La commination suppose l'existence antérieure d'une loi ou précepte qu'elle rappelle, en menaçant d'appliquer la peine prévue.[94]

La *vigilantia,* par contre, consistait en une mise sous surveillance. Ce remède était plus sévère que la monition, la réprimande et le précepte pénal. Il était très humiliant pour le coupable à qui il privait de sa liberté et facilement de sa réputation. Ce remède pratiqué jadis dans divers états, était pratiqué même dans l'Église. D'un usage rare, ce remède fut utilisé pour des causes graves. Il était utilisé pour aggraver une peine surtout à l'égard des récidivistes (Cf. canon 2311 CIC 1917). Il pouvait être imposé publiquement, en secret, judiciairement ou non, comme les autres remèdes pénaux. La *vigilantia* était parfois autre chose que le remède pénal ; elle signifiait également vigilance générale qu'un évêque doit exercer sur son diocèse, celle d'un curé sur sa paroisse, un supérieur religieux sur sa communauté etc. La *vigilantia* se retrouve dans plusieurs canons du code pio-bénédictin, à propos des religieux renvoyés, (can.671 CIC 1917), les candidats aux ordres (972§2 CIC 1917), la surveillance du prévenu quand sa culpabilité est incertaine (Can.1946§2 CIC 1917).

La *vigilentia* a refait surface, dans une certaine mesure, au canon 1339§5 du code 1983, dans le livre VI réformé par le pape François : « Si la gravité du cas le requiert, et surtout dans le cas où la personne se trouverait en danger de retomber dans le délit, l'ordinaire, au-delà même des peines infligées selon le droit ou déclarées par un décret particulier, le soumettra à des mesures de vigilances déterminées par un décret particulier ».[95]

---

[94] *Ibid.*, p. 1086.

[95] *CODE DE DROIT CANONIQUE DE 1983*, LIVRE VI 2021, CANON 1339§ 5.

Après cette analyse de l'environnement juridique de la sanction pénale constitué par plusieurs moyens de sollicitude pastorale et les moyens semi-pénaux, il sied de présenter brièvement les sanctions pénales dont les délinquants sont passibles. Nous relèverons, uniquement les sanctions qui se dégagent de la réforme du livre VI.

Art.3 IDENTIFICATION DE QUELQUES SANCTIONS PENALES DANS LE LIVRE VI REFORME.

Lorsque les moyens pastoraux et les remèdes pénaux n'ont produit aucun effet, l'Église recourt à la sanction pénale. Il est opportun de présenter dans ce point quelques peines que les délinquants peuvent encourir à la suite d'un procès judiciaire ou extrajudiciaire lorsque tous les moyens de sollicitude évoqués précédemment ne parviennent pas à amender le coupable, rétablir la justice et réparer le scandale. Les particularités du livre VI réformé ou les apports particuliers de la réforme constitueront l'épicentre de ce point.

En effet, la Constitution apostolique, *Pascite Gregem Dei, du 23* mai 2021, entrée en vigueur le 8 décembre 2021, a abrogé le livre VI de 1983 et réformé la loi pénale, à commencer par le titre *Les Sanctions dans l'Église* qui devient *Les sanctions pénales dans l'Église.* C'est une harmonisation avec le titre XXVII du CCEO.[96] Cette modification fut faite en vue de permettre aux pasteurs d'utiliser ce livre VI comme un instrument salvifique et correctif plus souple à s'en servir avec charité pastorale,

[96] A. BAMBERG, *Les sanctions pénales dans l'Eglise. A propos du livre VI révisé*, https://hal.science/hal-03387910, consulté le 18 avril 2023 à 10h04.

afin d'éviter les maux plus graves et d'apaiser les blessures provoquées par la faiblesse humaine.[97]

Le premier canon du livre VI n'a pas échappé à la modification. Législateur adjoint au premier paragraphe un deuxième qui précise et renforce le rôle de celui qui préside dans l'Église. Le canon 1311§2 précise le rôle de l'ordinaire qui, en tant que pasteur peut imposer des peines. L'Évêque peut aussi émaner des lois pénales, de préférence en lien avec ses confrères (Cf. Can. 1316 et 1315), et seulement dans la mesure où elles sont vraiment nécessaires, pour pourvoir de la façon la plus adaptée, à la discipline ecclésiastique (Cf. canon 1317.)

En effet, les types des peines canoniques pouvant être encourues lorsque les moyens de sollicitudes pastorales n'ont produit aucun effet sont légion. Le législateur du livre VI réformé distingue les peines **médicinales ou censures des peines expiatoires**. Pour le professeur Marcel NDJONDJO, les censures visent la personne du coupable. Ce sont des « médicaments » utilisés par la loi canonique pour faire cesser la contumace et aider le délinquant à retourner sur le droit chemin.[98] Les peines expiatoires, quant à elles, réparent le tort que le délinquant a causé à la société.[99] Les peines médicinales ou censures sont l'excommunication (c.1331), l'Interdit (C. 1332), et la suspense (c.1333). Elles peuvent être *latae sententiae*, encourues par le fait même de la commission du délit. Les peines expiatoires, appelées vindicatives dans le code pio-bénédictin, sont selon le canon 1336 CIC 1917, l'ordre [praescriptio] (§2), l'interdiction [prohibitio] (« §3) et la privation [privatio] (§4).

Des délits ont été intégrés dans la norme universelle par le législateur du livre VI de 2021. Ces délits

---

[97] FRANÇOIS, *Pascite Gregem Dei ...*, p.1.
[98]M. NDJONDJO, *Op. Cit.*, p. 36.
[99] *Ibid.*, p.42.

apparaissent dans les Normes concernant les *delicta graviora* et restent réservés à la juridiction du dicastère pour la doctrine de la foi, comme l'enseignement d'une doctrine condamnée, l'ordination de femmes, la consécration eucharistique à fin sacrilège(1382 §2), la divulgation de confessions.[100] Ce législateur a pourtant réussi la prouesse d'être resté dans le cadre des canons assignés au livre VI en 1983, à savoir ses quatre-vingt-neuf canons (de 1311 à 1399), et même d'avoir respecté la numérotation ancienne à l'intérieur des titres nouveaux, tout en opérant quelques transferts d'un canon à l'autre et en ajoutant quelques paragraphes nouveaux à certains canons. Son souci était visiblement d'intégrer les dispositions pénales émanées du Saint siège au fil de ces trois dernières décennies. Il a opéré le choix de ne pas laisser des *normae extravagantes* en dehors du code, pourtant, selon l'adage *ius sequitur vitam,* il y a eu et il y aura toujours des dispositions extra-codicielles.[101]

Quelques canons nouveaux dans le titre sur la foi et l'unité de l'Église, portent sur celui qui enseigne une doctrine condamnée (can. 1365), qui recourt au concile œcuménique ou au collège des évêques contre le Pape (can.1366) et sur la profanation d'une chose sacrée.

Il y a lieu de remarquer également les délits contre les sacrements au titre III : le canon 1379 §1, la célébration de l'eucharistie sans être prêtre, l'absolution sans droit de la donner sont sanctionnées de suspense ou d'interdit ; aussi, l'absolution de complice ou sollicitation au canon 1384 et le secret de la confession, qu'elle soit sacramentelle ou professionnelle, au canon 1385. Selon le § 3, la tentative d'ordonner des femmes est frappée d'excommunication *latae sententiae* réservée au siège apostolique. Sont également sanctionnés : l'administration des sacrements à

---

[100]A. BAMBERG, *Op.cit.*, p. 4.

[101] A. BORRAS, *Un nouveau droit pénal canonique ? ...*, pp. 647-648

qui est interdit (can.1379 §4 et 131), le gain illégitime sur les offrandes de messe (can.1383), l'enregistrement et la divulgation des confessions (can.1386§3).

Dans l'exercice des charges, le canon 1371 du §1 au §6 prévoit de sanctionner d'une censure, de la privation de l'office ou d'autres peines du canon 1336, §§2-4, selon la gravité, le délit de la désobéissance, la violation de ses obligations, le parjure devant l'autorité ecclésiastique, la violation du secret pontifical, la non mise à exécution d'une sentence exécutoire, la non-communication de la nouvelle d'un délit.[102]

Sur la gestion du patrimoine et des finances, d'importants changements sont remarquables dans le livre VI : selon le canon 1376 §1, la soustraction, la cession, l'aliénation des biens entrainent la privation de l'office et (§2) l'obligation de réparer les dommages, s'il y a faute grave ou négligence. La corruption et les dons (can.1377§1), la demande des sommes supplémentaires (§2) sont sanctionnés, selon la gravité du délit, de la privation de l'office restant sauve l'obligation de réparer le dommage ; et le délinquant peut encourir une amende pécuniaire (can.1336§2). La prescription est de 7 ans pour ce qui concerne les délits des canons 1376 et 1377.

Des délits contre les obligations spéciales au titre V notent certaines nouveautés. C'est à titre illustratif la suspense réservée à l'abandon volontaire illégitime du ministère pendant 6 mois (can.1392), les peines du canon 1336 §§2-4 réservées au clerc engagé dans le négoce et le commerce (can.1393§1), l'interdit *latae sententiae* pour le religieux qui attente un mariage même civil (can. 1394§2), une juste peine, y compris le renvoi de l'état clérical, pour le prêtre qui, avec violence, menaces, par abus d'autorité, commet le délit contre le sixième commandement (can.1395§3).

---

[102] A. BAMBERG, *Op. Cit.*, p. 4.

A propos des délits contre la vie, la dignité et la liberté humaines du titre VI, nous pouvons noter que le canon 1397 réunit l'homicide, le rapt, la mutilation, l'avortement qui, s'il est commis par un clerc dans le cas plus grave, entrainent le renvoi de l'état clérical. Le canon 1398 distingue dans l'infliction de la peine pour abus sexuel, les clercs (§1), les religieux non ordonnés et des laïcs en fonction dans l'Église (§2).
§1 Pour le clerc la privation de l'office, les justes peines, jusqu'au renvoi de l'état clérical en cas de délit contre le sixième commandement avec le mineur ou celui qui est affecté d'un usage imparfait de la raison ou la personne à protection similaire. Le prêtre peut encourir la même sanction s'il commet l'exhibition pornographique avec les mineurs, détient exhibe, divulgue les images pornographiques de ces derniers ou celles des personnes affectées d'un usage imparfait de la raison.
Selon le §2, le membre d'un institut de vie consacrée et tout fidèle qui, par abus d'autorité contraint à des actes sexuels les catégories précitées (Cf. can.1395 §3), sont punis selon le canon 1336 §2 à 4 de : §2 ordre (demeurer dans un lieu, payer une amende) ; §3 interdiction (de demeurer dans un lieu, poser certains actes, user de titres, porter l'habit…) ; §3 la privation (des offices, des charges, des facultés, des pouvoirs, la partie ou le tout de la rémunération…)

Il convient enfin de remarquer que dans les délits contre la bonne renommée et délit de faux des canons 1390 et 1391, le titre IV Crime de faux devient délit de faux.[103]

En somme, les moyens de sollicitude pastorale précèdent la sanction pénale. Le canon 1311 recommande le témoignage, l'exhortation, la correction fraternelle qu'il place avant les remèdes pénaux (monition, réprimande, précepte…) dans la voie vers la sanction. Témoigner c'est être chrétien en union avec le Christ, pour dissiper les

[103] *Ibid.,* p.5.

ténèbres qui s'extériorisent dans la violation des normes canoniques qui sont un moyen pour garantir la permanence de l'identité de l'Église et l'unité du mystère de la foi.

Exhorter c'est jouer le rôle de l'esprit saint car « parakaleo » en grec, rappelle le mot « paracletos » (paraclet) qui désigne l'Esprit saint dans la sémantique biblique.

L'exercice de la correction fraternelle par l'ordinaire est une prise de conscience de sa responsabilité pour la sainteté des autres et la promotion de la communion des saints. C'est la prise en compte du devoir d'aider chaque baptisé à persévérer dans le chemin de la sainteté et le respect des normes de l'Église en vue de l'ordre public de l'Église qui s'arrime avec le salut des âmes.

La monition, la réprimande et le précepte pénal sont des remèdes pénaux, voulus ainsi par le législateur et classés sous ce titre au canon 1339 du livre VI. Le législateur fait de ces moyens qui dévoilent la figure de l'ordinaire comme un Bon berger, une condition sine qua non de l'imposition d'une sanction pénale (Cf. canon 1341).

Dans le précepte pénal l'ordinaire indique exactement ce qu'il faut faire ou ne pas faire avec la menace d'une peine en cas de transgression.

Nous référant à la tradition canonique, nous avons rappelé qu'en plus de ces remèdes pénaux en vigueur dans le code actuel, d'autres remèdes pénaux étaient en usage, en l'occurrence la commination (can.2242§2 CIC 1917) et la vigilentia qui consistait en une mise en surveillance du délinquant.,

Enfin pour une motivation purement didactique, nous avons présenté au troisième point à quoi s'expose le présumé délinquant ou le délinquant et comment doit agir l'ordinaire lorsque tous les moyens de sollicitudes pastorales n'ont pas produit d'effets juridiques requis.

CHAPITRE III :

LA SANCTION PÉNALE COMME EXIGENCE DE CHARITE ET DE COMMUNION

Considérations introductives

Après avoir exploré l'environnement juridique pré-pénal constitué des moyens de sollicitude pastorale (can.1311), de différents remèdes pénaux incontournables (can.1341), la sanction devient un devoir pour l'ordinaire. Mais avant d'infliger une peine, il est impératif d'établir les éléments du délit à savoir : l'élément objectif (extériorité), l'élément subjectif (imputabilité), et l'élément légal (prévision d'une sanction légale) développés au canon 1321§1.

De ce qui précède, le contenu de l'environnement juridique intra pénale et postpénal mérite d'être abordée. Dans les pages subséquentes, nous répondrons dans la mesure du possible à certaines questions comme celles de connaître qui peut déclarer ou appliquer la sanction pénale. Quels sont les effets de la sanction pénale dans la communauté, dans la vie de la victime et celle du délinquant ?

Dans ce contexte, l'élucidation du lien entre la miséricorde et la sanction nous intéressera.

Art. 1. L'APPLICATION DE LA SANCTION PÉNALE ET LA MISÉRICORDE

1.1. Fondement de la contrainte pénale de l'Église

Depuis bien des lustres, le pouvoir pénal de l'Église ne finit pas de susciter débat, tant il demeure incompris et livré à une interprétation parfois malencontreuse. La sévère fonction de réprimander et de punir les chrétiens délinquants exercée depuis la période apostolique (1Co 5,3) est parfois récusée voire déniée à l'Église par ceux qui ne lui reconnaissent qu'une certaine compétence charismatique et non juridique.

À dire vrai, le pouvoir pénal de l'Église est lié à sa nature. Sans vouloir assécher les charismes, la grâce et la foi, le pouvoir pénal ou le droit canonique veille à les structurer, les ordonner et promouvoir leur épanouissement, en vue d'atteindre la fin propre de l'Église qui est le salut des âmes. C'est dans cette logique que le pape Jean Paul II affirma lors de la promulgation du code de droit canonique en 1983 : « Les choses étant ainsi, il paraît clairement que le code n'entend aucunement se substituer à la foi, à la grâce et aux charismes dans la vie de l'Église ou des fidèles. Au contraire, son but est plutôt de créer dans la société ecclésiale un ordre tel que, mettant à la première place l'amour, la grâce et les charismes, il rende en même temps plus facile leur épanouissement dans la vie de la société ecclésiale comme dans celle des personnes qui en font partie. Il faut regarder le code en tant que document législatif principal de l'Église, fondé sur l'héritage juridico-législatif de la Révélation et de la Tradition, comme un instrument indispensable pour assurer l'ordre aussi bien dans la vie individuelle et sociale que dans l'activité de l'Église elle-même. »[104]

Ainsi, *le pouvoir inné et propre de l'Église à sanctionner les fidèles délinquant*s *par la sanction pénale* (can.1311§1) se justifie par l'aspect sociétal de l'Église (en vertu de l'adage cicéronien *ubi societas, ibi ius)*, sans nier

[104] JEAN PAUL II, *Constitution apostolique Sacrae disciplinae leges* du 25/01/1983

que l'Église est une société *sui generis.* Borras ajoute à l'aspect inné et sociétal soubassement du droit canonique, un fondement moral et ecclésiologique : Il évoque la notion de l'imputabilité du délit et la sainteté de l'Église : « punitur quia peccatum est. La sanction pénale est une riposte à un délit, c'est-à-dire à un péché grave qualifié comme tel. En droit canonique, le délit implique l'imputabilité grave de l'acte moralement mauvais. Le fondement de la peine, à savoir sa cause formelle (« ratio sub qua »), est l'imputabilité du délit (Cf. can. 1321, §1). Le fondement de la peine réside donc en un acte éminemment personnel, le délit imputable à (la volonté de) son auteur. »[105]
De cette considération sur la moralité, Borras passe à celle de la sainteté ; autrement dit, à l'argumentation morale, il ajoute un argument théologal, une affirmation de foi : « l'intervention pénale de l'autorité pastorale se fonde sur la sainteté de l'Église. Elle met l'auteur du délit en *situation pénitentielle.* Privé de certains biens spirituels ou de l'exercice de certains droits subjectifs, il ne peut pas ne pas se poser la question de sa conversion. »[106]

Ce fondement de la sanction pénale sur la sainteté de l'Église est expressément exprimé par les pères conciliaires dans la Constitution dogmatique *Lumen Gentium* en ces termes : « ... l'Église contient en son sein des pécheurs, étant à la fois sainte et ayant toujours besoin de se purifier, elle avance continuellement sur le chemin de la pénitence et du renouveau ».[107]

C'est dans ce contexte qu'il convient de comprendre la pertinence du canon 210 CIC 1983 : « Tous les fidèles doivent, chacun selon sa condition propre, s'efforcer de

---

[105] A. BORRAS, *Les sanctions dans l'Eglise. Commentaires des canons 1311-1399*, Tardy, Paris, 1990, p. 208.

[106] Ibid., p.214.

[107] CONCILE VATICAN II, *Constitution dogmatique Lumen Gentium* n° 8.

mener une vie sainte et promouvoir la croissance et la sanctification continuelle de l'Église »[108] Ce canon pose le problème de la nécessité de la sainteté des fidèles, qui transcende l'obéissance individuelle à un devoir juridique et promeut l'ontologie de l'Église qui est essentiellement sainte.

Accomplir les lois de l'Église devient une occasion de promouvoir la sainteté de l'Église et tendre vers la perfection des fidèles. La sanction est une occasion de purification et de remise dans la voie du salut. Mais qui peut légitimement imposer ou déclarer la sanction dans l'Église ?

1.2 Application de la sanction pénale

D'aucuns veulent savoir qui peut légitimement infliger ou déclarer une sanction pénale à un délinquant. Au canon 1311 §2, le législateur rend impératif le devoir d'imposer la sanction pénale. Toutefois, ce devoir s'impose à l'ordinaire lorsque tous les moyens de sollicitude pastorale ont échoué de déboucher au rétablissement de la justice, la réparation du scandale et l'amendement du coupable.

En effet, ce devoir revient selon le canon susmentionné à *celui qui préside dans l'Église*. Cette expression sous-entend au sens large l'ordinaire. Selon le canon 134, «Par ordinaire, on entend en droit, outre le pontife Romain, les Évêques diocésains et ceux qui, même à titre temporaire seulement, ont la charge d'une Église particulière ou d'une communauté dont le statut est équiparé au sien selon le can.368, ainsi que ceux qui y jouissent du pouvoir exécutif ordinaire général, c'est-à-dire les vicaires généraux et épiscopaux ;de même pour leurs

[108] *CODE DE DROIT CANONIQUE DE 1983.*

membres, les supérieurs majeurs des instituts religieux cléricaux de droit pontifical et des sociétés cléricales de vie apostolique de droit pontifical, qui possèdent au moins le pouvoir exécutif ordinaire. »[109]

Au sens strict, la déclaration des sanctions est le propre du Souverain Pontife en tant que sujet du pouvoir ordinaire suprême, plénier, immédiat et universel qu'il peut toujours exercer librement (cf. can 331) sur toute l'Église catholique. Le Saint Siège (Cf. cc.1354, 1367, 1370, 1378 §1, 1382...), le collège des Évêques dont le chef est le Pontife Suprême (cc.336-337), l'ordinaire du lieu, l'ordinaire, le supérieur majeur (can 620), le juge (can 1326) peuvent légitiment infliger une sanction pénale. Il ressort que l'infliction de la sanction pénale est en étroite liaison avec la *munus* pastorale. C'est ainsi que selon le Pape François, la responsabilité de l'application correcte de la discipline pénale incombe spécifiquement aux pasteurs et supérieurs des communautés individuelles. Ils doivent réaliser cette charge comme un besoin concret et inaliénable de charité envers l'Église, la communauté chrétienne, les victimes et le délinquant.[110]

Par le truchement de différents sujets de la sanction pénale, c'est l'Église qui exerce conformément au canon 1311§ 1, son pouvoir de contraindre par la sanction pénale les fidèles délinquants.

En sus, bien que la sanction pénale soit dans l'Église l'ultime moyen, le dernier moyen à être utilisé pour parvenir à l'amendement du coupable, il y a des circonstances où l'ordinaire ne peut pas ne pas infliger la sanction au risque de tomber lui-même dans le manque de charité ou dans l'injustice envers l'Église et envers la victime. C'est dans cet esprit que le Pape François écrit : « l'application de sanctions devient nécessaire de la part des

---

109 *Ibid.*

110 FRANÇOIS, *Pascite gregem Dei...*, p. 2.

pasteurs et supérieurs. La négligence d'un pasteur dans le recours au système pénal montre clairement qu'il ne remplit pas sa fonction avec justice et fidélité ».[111]

Le code de 1917 s'est inspiré au canon 2214 du Concile de Trente (sess.XIII, de ref. cap. 1) où les pères conciliaires rappelaient que les évêques devaient se comporter comme des pasteurs. En dépit de cela, il a gardé la dimension juridique de son dispositif pénal en intégrant des éléments propres aux droits pénaux séculiers, apparaissant sous cet angle plus « juridique » que « pastoral. »[112] Le code de 1983 a simplifié la législation antérieure, valorisé le for externe, le respect des droits des délinquants, les auteurs des délits, le *favor rei* et en définitive proposé des sanctions pénales caractérisées par une bienveillance pastorale particulière ; la plupart de délits codifiés n'avaient aucune peine correspondante précise. L'expression « … sera puni d'une juste peine », a ouvert le couloir à une réglementation compromissionnaire des délits, même les plus graves, à une application sélective de la loi et à une pseudo largesse. Cela contribuerait à la méconnaissance, la dépréciation voire l'inopérabilité de ce code face à des délits graves, susceptibles de mettre en péril la communion ecclésiale, l'adhésion des fidèles à l'Église autant que la crédibilité de l'Église. Le livre VI réformé en 2021, par contre, met en place un *effet balancier* (au délit correspond une peine déterminée, les peines indéterminées ont été sensiblement diminuées), dès lors qu'il fait preuve de plus de rigueur, de sévérité et d'efficacité.[113]

Ainsi le régime de l'application des peines lorsque les moyens de sollicitude sont épuisés, passe du pouvoir (can.1341 CIC 1983) au devoir (can.1341 livre VI réformé) : *L'ordinaire devra entamer* (*promovere debet*)

---

[111] *Ibidem.*

[112] A. BORRAS, *Un nouveau droit pénal canonique ? … ,p.641.*

[113] *Ibidem.*

une procédure judiciaire ou administrative pour infliger ou déclarer une peine. La figure actuelle du canon 1341 n'est plus une recommandation mais une injonction. Le législateur énonce ainsi la nécessité de la sanction pénale, toujours comme *extrama ratio*, moyen ultime face au refus ou l'incapacité de l'auteur du délit de corriger son injustice, de s'amender et de réparer le scandale. Il sied de noter que le rétablissement de la justice passe en première place dans le livre VI réformé, contrairement au livre VI de 1983, le faisant précéder par la réparation du scandale. Cela est un indice de la volonté de protéger les fidèles et promouvoir le bien de la communauté ecclésiale (Cf. c.1311 §2)[114]

Le livre VI réformé rend impératives les peines précédemment facultatives, aussi bien quant à leur prévision que quant à leur application : le passage du *potest punire* (il peut punir) au *debet punire* (il doit punir) est manifeste. Ce glissement vers l'obligation d'appliquer la peine peut être compris en fonction du scandale causé par le délit (cf. c. 1344,1°, 2°, et 3°).[115] C'est dans cette perspective que le professeur Marcel Ndjondjo affirme : « Ce n'est pas l'humeur du moment qui suffit à justifier une sanction. Au contraire, celle-ci ressort du service de la charité et de la justice tel que recommandé par la Bible (…) c'est pour aider les fidèles à atteindre le salut éternel que l'Église a prévu, dans son droit inné, de sanctionner non seulement celui dont le comportement conduit à sa propre perdition mais encore de sauver, pour de raisons de justice, et la victime et la communauté secouées par un tel dérèglement. »[116]

La sanction devient ainsi une exigence de charité, un devoir de justice tripolaire : le pôle communautaire,

---

[114] *Ibid.,* p. 644.

[115] *Ibid.,* p.645.

[116] M. NDJONDJO, *L'application des peines dans l'Eglise famille de Dieu en R.D.Congo…*, p.13.

victimologique et celui du délinquant. L'ordinaire ne peut ainsi se soustraire à ce devoir de charité. S'il s'en écarte pour prétexter une attitude plus charitable et pastorale, il devient plus injuste et moins pastoral parce que la communauté, la victime et le délinquant subiront les effets de cette pseudo charité. La sanction n'étouffe pas l'amour mais l'accroit et le justifie. L'adage populaire « *qui bene amat bene gastigat* » (qui aime bien châtie bien) est éminemment plausible dans ce contexte. Le pape François énonce expressément que « la charité exige que les pasteurs recourent au système pénal aussi souvent que nécessaire … »[117]

Rappelons qu'il existe deux manières différentes d'encourir une sanction pénale dans l'Église latine. *Ordinairement, la peine est ferendae sententiae, de telle sorte qu'elle n'atteint pas le coupable tant qu'elle n'a pas été infligée ; mais elle est latae sententiae, de telle sorte qu'elle est encourue par le fait même de la commission du délit, si la loi ou précepte l'établit expressément.* (can. 1314). Ainsi, il y a d'une part la sentence déjà portée (latae sententiae) qui ne nécessite pas l'intervention de l'ordinaire ou le supérieur et produit automatiquement des effets si l'auteur du délit l'a commis matériellement, volontairement et librement, avec la pleine connaissance, avant de commettre sa forfaiture, qu'une sanction automatique était attachée au délit. En ce sens, l'autorité peut intervenir, non pour infliger une peine qui, juridiquement est déjà encourue, mais pour déclarer officiellement que telle sanction a frappé tel chrétien. Cette déclaration est un acte officiel, administratif ou judiciaire qui, par sa publicité, entraîne une certitude juridique sur la situation exacte du

[117] FRANÇOIS, *Constitution apostolique Pascite gregem Dei…*, p 2.

délinquant et une grande efficacité de la peine.[118] Il y a d'autre part, la sentence qu'il faut porter (la peine *ferendae sententiae*) qui n'atteint le coupable qu'après une intervention du supérieur ou du juge qui va l'infliger par décret ou par sentence, qui constate la culpabilité de l'auteur du délit, après une procédure administrative ou judiciaire.[119]

Étant donné que la sanction est un impératif canonique, comment concilier le devoir de déclarer ou infliger la sanction pénale dans l'Église à l'exigence biblique de la miséricorde ? (Lc 6, 36). L'Église s'engage-t-elle dans la voie du sadisme ou d'une sévérité moins évangélique ? au point de faire passer les sujets de la sanction pénale, en particulier les évêques, pour des juges impitoyables, sans miséricorde, plus juristes que pasteurs ?

1.3. La sanction et la miséricorde

En réformant le livre VI du code de droit en 2021, le législateur avait pour objectif principal de doter l'Église latine d'un système pénal adapté à la situation ecclésiale du moment. La réforme de la loi pénale a pour visée de promouvoir une efficacité d'un droit pénal adapté dans le traitement de différents comportements infractionnels et délictuels dans un contexte de déferlement d'abus multiforme dans l'Église. Le législateur privilégie la procédure judiciaire, considère comme une exception la procédure extrajudiciaire et établit les procédures *ad hoc* pour contrer l'arbitraire dans l'instruction des *delicta graviora*. C'est donc à juste titre que Borras voit dans cette réforme la rigueur et la sévérité plus grandes de la part du

---

[118] P. TOXE, *Considérations canoniques sur deux affaires médiatisées de censures ecclésiastiques : les éveques lefebvristes et l'avortement de Recife*, dans « L'année canonique », 1(2009), p.3.
[119] *Ibidem*

législateur, qui reflètent sa volonté d'efficacité dans la poursuite des délits.[120]

Comment trouver la place de la miséricorde dans ce renforcement de l'arsenal pénal de l'Église et dans cet élan de sévérité et de rigueur impulsé par la récente réforme du livre VI ? La commission d'un délit grave exclut-elle le prêtre, le religieux ou le fidèle laïc délinquant de la miséricorde de l'Église ?

La justice de l'Église s'inspire de la justice divine, celle établie par Dieu dans la Révélation : « Moi, l'Éternel ton Dieu, je suis un Dieu jaloux, qui punis l'iniquité des pères sur les enfants jusqu'à la troisième et la quatrième génération de ceux qui me haïssent, et qui fais miséricorde jusqu'à mille générations à ceux qui m'aiment et qui gardent mes commandements » (Cf. Exode 20, 5-6).

Dieu applique sa miséricorde et sa justice en considérant le cœur de la personne, en discernant s'il existe encore en elle la possibilité de se repentir. Dieu ne veut « qu'aucun ne périsse, mais que tous arrivent à la repentance » (2 Pierre 3, 9). Cela étant, le Nouveau Testament considère en premier lieu l'attitude de celui qui pèche pour ce qui est de l'observance des lois de Dieu. Une personne désireuse de ne plus pécher peut bénéficier de la miséricorde au lieu d'être condamnée. Mais à ceux qui choisissent de continuer à pécher Jésus déclare : « Mais si vous ne vous repentez, vous périrez tous également. » (Lc 13, 3).

Au regard de ce qui précède, il est contre la Bible d'accuser l'Église d'être contre la Bible dans l'infliction de la sanction pénale. La sanction au lieu d'exclure la miséricorde, la manifeste et la promeut. Dans l'acte de la sanction est incluse la miséricorde même au regard de sa visée qui est corrective et réparatrice.

---

120 A. BORRAS, *Un nouveau droit pénal canonique ? ...*, p.646.

La sanction et la miséricorde ne sont pas deux aspects contradictoires mais deux dimensions d'une unique réalité qui coordonnent la démarche de l'ordinaire à promouvoir le bien de la communauté elle-même et de chacun des fidèles avec charité pastorale, en vue d'atteindre le salut des âmes qui est *la loi suprême de l'Église.* (Cf. c.1752).

Ainsi, dans les procès pénaux ecclésiaux, la justice va de pair avec de la miséricorde. Pour le Pape François, « la justice doit aller de pair avec les exigences de la miséricorde qui, en fin de compte, invitent à la conversion et au pardon ».[121] Il importe de noter que dans l'Exhortation apostolique post synodale *Amoris laetatia*, le Pape François rappelle que nous ne sommes pas des contrôleurs de la grâce mais des facilitateurs. Il conçoit l'Église comme une maison paternelle dans laquelle il y a la place pour chacun avec sa vie difficile. Elle n'est pas une douane. La miséricorde demeure un pilier qui soutient la vie ecclésiale. Dans l'annonce de l'Évangile, nul ne peut être privé de la miséricorde. C'est fort de cela qu'il affirme : « la miséricorde n'exclut pas la justice et la vérité, mais avant tout, nous devons dire que la miséricorde est la plénitude de la justice et la manifestation la plus lumineuse de la vérité de Dieu. »[122]

À l'inauguration de l'année judiciaire du Tribunal de l'État de la cité du Vatican, le Pape a affirmé qu'entre les deux pôles de la justice et de la miséricorde, il existe une complémentarité, et un équilibre doit être recherché, sachant que, s'il est vrai que la miséricorde sans la justice conduit à la dissolution de l'ordre social, il est également

---

[121] FRANÇOIS, *Droit pénal : un équilibre entre la justice et la miséricorde 93e Année judiciaire*, 12 mars 2O22 fr.zenit.org consulté le 04/05/2023 à 12h19.

[122] FRANÇOIS, *Exhortations apostolique post-synodale Amoris laetatia…*, p. 242.

vrai que la justice manifeste la vérité de Dieu.[123] C'est dans ce sens que le canon 1311 rappelle le devoir d'appliquer les peines avec équité canonique. Cette exigence a été martelée par le Pape : « le recours à l'équité, sagement définie comme la justice du cas individuel, est précieux. Si le précepte législatif reste inchangé, l'application du droit commun conduit à la nécessité de tenir compte des exigences du cas concret, des situations factuelles particulières méritant un examen spécifique. Le recours à l'équité n'est pas une prérogative exclusive du droit canonique, mais il y est sans doute particulièrement reconnu et valorisé, étant étroitement lié au précepte de la charité évangélique, véritable principe inspirateur de toute l'action de l'Église. »[124]

La sanction pénale est ainsi au service de la vertu évangélique de la charité et la communion. Pour être juste, la sanction doit se référer à la charité. Ce point de vue qui exclut toute vision autoréférentielle de la loi, la justice proposée par le Christ, et qui doit inspirer l'Église, n'est pas un ensemble de règles à appliquer avec expertise technique, mais plutôt une disposition de vie qui guide ceux qui ont des responsabilités et qui exige avant tout un engagement à la conversion personnelle. Elle exige une disposition de cœur, à implorer et à nourrir dans la prière, et grâce avec laquelle nous pouvons accomplir nos devoirs en conjuguant l'exactitude des lois avec la miséricorde, qui n'est pas la suspension de la justice mais son accomplissement (Rm 13, 8-10).[125]

---

[123] FRANÇOIS, *Droit pénal : un équilibre entre la justice et la miséricorde…*
[124] FRANÇOIS, *Discours à l'inauguration de l'année judiciaire du Tribunal de l'Etat de la Cité du Vatican*, Samedi 12 mars 2022 fr.zenit.org consulté le 4 mars 2023 à 17h22.
[125] *Ibidem.*

Ce devoir de la miséricorde dans l'application du droit pénal, remarquable dans le code de droit canonique en vigueur, est en vogue dans le droit de l'Église depuis bien des lustres.
Le mouvement doctrinal développé depuis le milieu du XIIe siècle s'est évertué à déterminer, de prime abord, si la miséricorde est une condition nécessaire et obligatoire de la validité de toute décision de justice. Dans une correspondance adressée aux évêques de la Gaule recueillie par Gratien, le Pape Calixte avait exhorté ces derniers à rejeter toute forme de procès qui interdirait le recours à la miséricorde. Le Pape affirmait ainsi que tout jugement contraire à cette vertu devait être rejeté.[126]

Cette importance de la miséricorde a aidé et a contribué à accentuer dans l'Église l'attention requise par le droit à l'égard des fidèles délinquants sous peines canoniques. Le professeur KILUMBY, en connaissance du prescrit du canon 145 qui souligne au §1 la stabilité objective de l'office (*stabiliter constitutum*), rappelle en vertu du canon 1746 qu'une fois le curé révoqué, l'Évêque s'occupera de lui assigner un autre office, s'il en est capable, ou de lui assurer une pension, selon le cas, bref pourvoir convenablement à ses besoins. Pour le professeur cette obligation est non seulement juridique, mais aussi morale puisque fondée sur la loi naturelle, la charité chrétienne et la solidarité ecclésiale.[127]

Un proverbe Otetela dit : « Tshumba oswe kele Ɛnyi atshuka », pour dire que, c'est dans le moment d'impasse que se manifestent les véritables soutiens. Dans l'Église, la

---

[126] L. MAYALI, *Justicia et misericordia dans les œuvres des décrétistes et décrétalistes (XIIe -XVe siècles)*, dans « Annuaire de l'Ecole pratique des hautes études », 126(2019), p.339.
[127] J-M. V KILUMBY MAYIMBY, *Participation au munus regendi et à la potestas regiminis de l'Evêque diocésain. Institutions canoniques personnelles et obligatoires de collaboration*, Mediaspaul, Kinshasa, 2017, p.125

peine est une occasion pour le fidèle délinquant d'expérimenter la charité et l'amour des siens.

Ainsi le délinquant sous peine canonique doit bénéficier de la miséricorde, de l'attention épiscopale et ecclésiale. Le canon 1350 et 1351 du CIC de 1983 attestent respectivement qu'il faut toujours veiller à ce que le clerc sous peine ne manque pas des ressources nécessaires à une honnête subsistance et que le prêtre renvoyé de l'état clérical, s'il se trouve à cause de cette peine, dans une réelle indigence, l'ordinaire doit pourvoir à lui porter secours du mieux possible.

L'avis du professeur Sylvestre Bokwanga en contexte africain vaut ainsi son pesant d'or : « il est donc venu le temps d'inaugurer une culture juridique qui soit à la fois soucieuse de la charité et qui fasse en même temps grandir la vie que le Christ est venu donner en abondance » (Cf. Jn 10, 10).[128]

La miséricorde de l'Église pour le fidèle délinquant reflète l'orientation sotériologique christique : un salut universel ; opportunité offerte à tous pour beigner dans l'abondance des grâces sanctifiantes. C'est dans cette logique divine que l'Église ne prive pas les fidèles délinquants des moyens de salut en cas de nécessité : « Si une peine interdit de recevoir les sacrements ou les sacramentaux, l'interdiction est suspendue aussi longtemps que le condamné se trouve en danger de mort » (Can. 1352§1 CIC 1983).

La tension entre la priorité évangélique de la miséricorde et l'application des sanctions n'est qu'apparente. « …la charité et la miséricorde exigent qu'un père entreprenne également de redresser ce qui devient parfois faux. »[129] Il est indubitable, la sanction s'arrime

---

[128] BOKWANGA MOLAKU, *Pour une prise en charge matérielle des clercs frappés de peines canoniques*, dans « R.A.D.C. » 7, (2019), p.115.

[129] FRANÇOIS, *Constitution apostolique Pascite Gregem Dei…*, p.1.

avec la miséricorde ; punir pour pousser à l'amendement est un devoir inaliénable de charité et de solidarité ecclésiale. Un ordinaire qui ne recourt pas à la sanction lorsque les circonstances l'exigent verse dans le silence complice et n'est pas un serviteur et un pasteur soucieux de promouvoir le bien de la communauté, la communion ecclésiale. La charité inhérente à la sanction pénale possède une orientation tripolaire. Elle concerne la communauté, la victime et le délinquant. Car la sanction n'est pas un acte isolé mais une action d'Église, qui affecte la communion et impacte sur la victime et le délinquant.

Art.2. LA CHARITE DANS LA SANCTION PÉNALE

2.1. Dimension ecclésiale de la sanction

Le canon 1311 §2 assigne à l'ordinaire le devoir de promouvoir le bien de la communauté ecclésiale avec charité pastorale non seulement par les moyens de la sollicitude pastorale, mais aussi par l'infliction des peines, à appliquer avec équité canonique. Le bien de la communauté n'est pas ici seulement d'ordre matériel. Il s'agit aussi et surtout des biens spirituels à savoir les sacrements du salut qui s'administrent validement et licitement dans la pleine communion ecclésiale et le respect du droit canon. La sanction ecclésiale de nature corrective et réparatrice aide le délinquant à revenir dans la pleine communion ecclésiale qui est fragilisée et réduite par la commission des délits. Le délit sépare la victime du délinquant, secoue le lien entre l'Église et le délinquant ; il peut perturber la communauté entière. L'amendement du délinquant et la réparation du scandale impacte inévitablement la vie de l'Église. La sanction pénale est ainsi un médicament de préservation de l'unité et la communion ecclésiales.

Il y a donc un rapport entre la sanction infligée à un délinquant et la communauté ecclésiale dans laquelle il vit. La sanction est un outil précieux et spécifique dont dispose l'Église pour résoudre ses difficultés internes et poursuivre sa fin propre, le salut des âmes.

Sur quoi porte ce salut des âmes ? Selon Villemin : « bien loin de se réduire au salut des âmes prises individuellement, l'expression *salus animarum* désigne la rencontre de Dieu et la restauration de l'unité du genre humain, lesquelles se déploient eschatologiquement et ecclésialement. »[130] La sanction ouvre directement par ricochet le salut des âmes dans sa double dimension ecclésiale et eschatologique. Car un fidèle devenu délinquant perturbe la communion ecclésiale et selon que le délit est en même temps un péché, engendre un disfonctionnement dans sa marche vers le salut eschatologique.

La communauté ecclésiale a besoin de se reconstruire après le délit qui mine sa paix, son épanouissement et la joie d'y vivre ensemble. Le dérèglement délictueux mine parfois le sentiment d'appartenance, le vivre ensemble et les capacités à innover et créer. La sanction appliquée au délinquant, au-delà de la reconstruction individuelle des personnes concernées par les faits délictueux, aide l'Église entière à se reconstruire spirituellement et pastoralement.

En effet, le droit ecclésial est codifié par l'autorité pastorale du magistère qui, selon le cas, propose ce qui est à croire en vertu de la Révélation ou interprète authentiquement la vérité de l'Évangile.[131] Ladite autorité a mis en place un ordonnancement pénal constitué sur le binôme délit-peine, pour sanctionner avec équité les

---

[130] L. VILLEMIN, *Théologie d'une canonicité privilégiant le salut des âmes cité par E. ALGIER-GIRAULT, Procès pénal canonique, enjeu ecclésial de vérité et de guérison,* dans « Revue des sciences religieuses 3(2016), p.419.

[131] LE CONCILE VATICAN II… *Dei Verbum*, n° 10 b.

déviances et les atteintes à l'ordonnancement canonique qui assure l'unité de l'action pastorale menée dans un ordre concerté sous la guidance du souverain pontife, autorité suprême de l'Église.

En plus, la sanction pénale a pour effet dans la communauté ecclésiale, de ramener au « devoir-être de conduites ecclésiales, pour que l'Église soit ce qu'elle est appelée à être et réaliser ainsi sa vocation. Ce devoir-être est bien souvent le fruit d'usages séculaires et éprouvés, mais aussi des dispositions prises en Église par l'autorité compétente pour édifier la communauté ecclésiale en ce lieu, et permettre aux fidèles de vivre leur vocation de baptisés ».[132] Dans une famille de libre adhésion comme l'Église, c'est par les encouragements, les monitions, les réprimandes, la confiance et surtout la sanction pénale que s'édifie la communauté ecclésiale et que se réalise la participation de tous les fidèles selon la diversité des charismes et des ministères.[133] La sanction pénale dans sa fonction réparatrice et salvatrice, recherche surtout le bien des fidèles, pour lesquels elle est un moyen positif pour la réalisation du Royaume, la reconstruction de la justice dans la communauté des fidèles appelés à la sanctification personnelle et commune.[134] La sanction concourt aussi à la normalisation des relations interpersonnelles dans la communauté ecclésiale, lorsqu'elle débouche sur l'amendement du délinquant et la réparation du scandale.

En plus, l'accumulation d'actes délictueux non sanctionnés dans une communauté prépare le lit à l'incorrigibilité, encourage le scandale et plonge la communauté dans la confusion entre le bien à vivre et les actes repréhensibles à éviter. La sanction infligée en cas de

---

[132] A. BORRAS, *Rôle et signification du droit canonique dans la pastorale*, dans « Revue Théologique de Louvain » 3 (2009), p. 376.
[133] *Ibidem.*
[134] FRANÇOIS, *Constitution apostolique Pascite Gregem Dei... p.2.*

délit et lorsque les circonstances l'exige est une réprobation de l'incorrigibilité et une élimination de la confusion dans l'Église.

2.2 Dimension victimologique

Le terme victime est rare dans le code de droit canonique. C'est un terme usuel dans les sciences sociales qui est entré en criminologie.
En langage juridique, les canonistes utilisent le terme de « victime présumée » lorsqu'un procès qui se déroule en bonne et due forme n'a pas encore établi l'imputabilité du délit. Au terme d'une procédure administrative ou pénale, lorsque les faits ont été prouvés et la culpabilité est établie, les juristes parlent de « victime ». Mais le terme n'est pas employé dans les normes canoniques. Au canon 1729, c'est le terme de « partie lésée » qui est usité. En ce qui concerne les victimes, les canons ne sont pas explicites ; ce qui signifie que les victimes ignorent souvent leur droit.

En cas de déclaration de la sanction pénale à un délinquant, il est souhaitable que la victime obtienne une justice réparative ou une justice restaurative. Cette dernière, applicable surtout pour le cas d'abus sexuel sur mineure, répond à une demande de justice complémentaire de justice civile et pénale. Elle place la victime au centre du processus de justice. En France, la commission de reconnaissance et Réparation (CRR) a pour mission de mettre en place une forme nouvelle de justice, en vue de la réparation des victimes d'abus commis par les membres de l'Église ; notamment la possibilité d'obtenir une réparation financière ou non pour des faits qui sont ou ne sont plus susceptibles d'action en justice devant les tribunaux judiciaires.[135]

Selon le canon 1729, la victime peut intervenir dans le procès en tant que partie lésée. Cela sous-entend que la victime présumée doit être informée du procès sur son dossier et avoir la latitude de se procurer un avocat, apporter des preuves ou des compléments d'information et bénéficier de la réparation lorsqu'elle est reconnue comme victime.

En effet, un évènement, même de longue date, reste une blessure toujours actuelle tant qu'il n'est pas légitimement qualifié de délit et tant que le dommage qu'il a causé n'a pas été assumé et réparé.[136]Ainsi la sanction pénale contribue à la guérison de la victime. Être reconnu comme victime ou comme auteur est indispensable pour être psychologiquement guéri et avoir la conscience tranquille dans la relation avec les autres. C'est dans ce contexte que Monseigneur Scicluna affirme dans *Guérison et renouveau* : « L'identification et la reconnaissance de la vérité totale de l'affaire, dans toutes ses conséquences et ses effets douloureux, est la source de la vraie guérison, tant pour la victime que pour l'auteur. »[137]

La reconnaissance des dommages causés à la victime par le délinquant facilite la sanction pénale, une fois infligée, à restituer à la victime sa juste place, ne plus lui faire porter le poids de l'accusation. La sanction permet à la victime de trouver une reconnaissance qui prenne en compte sa douleur et sa difficulté à vivre.[138]

En outre, la sanction permet de restituer les relations normales entre la victime et le délinquant, les clarifier dans

---

[135] *www.ktotv.com Lutte contre les abus : des repères essentiels* publié le 12/12/2022, consulté le 13 mai 2023 à 16h10.

[136]E. ALGIER-GIRAUX, *Art.cit.,* p. 419.

[137] SCICLUNA, cité par *Ibidem.*

[138] *Ibid.*, p.420.

la vérité, pour réparer ce qui a été brisé et redonner à chacun la possibilité d'entretenir d'autres relations de manière saine et apaisée. Pour celui qui a causé un dommage, la réparation de quelque nature qu'elle soit, le rend acteur de guérison de sa victime et de sa propre guérison.[139]
La victime trouve dans l'établissement de la vérité, que sa blessure subie est reconnue et « elle a besoin d'exprimer directement à l'auteur de son traumatisme ce que cela a signifié pour elle, dans l'espoir de lui faire réaliser l'impact de ses actes ».[140] La sanction pénale, à l'issue d'une procédure pénale, peut ainsi ouvrir la voie au pardon et la réconciliation entre la victime qui dégage l'inquiétude qu'entretien la blessure et le délinquant qui reconnaît et assume son agir délictueux.

Tous les hommes sont confrontés au devoir de pardon ; le pardon à donner ou à recevoir. La réponse est toujours personnelle, unique. Elle peut être un mouvement de l'être plus profond, plus indicible. Pour la victime, l'idéal souvent inaccessible ne consiste pas à être indulgent mais à pardonner. Donner son pardon à celui qui a provoqué une blessure irrémédiable dépasse le plus souvent les forces humaines. Lorsqu'il peut être donné, ce pardon est pour le coupable, dans une certaine mesure, plus difficile à accueillir que la colère de la victime, car il projette dans la dimension du salut.[141] Ce pardon est donc la rencontre qui restaure la relation rompue. Lorsque la guérison est accordée, elle ne peut se développer que dans un cœur qui l'accueille et l'assume véritablement. Au délinquant également, la sanction pénale traine des retombées juridiques considérables.

---

139 *Ibidem*.
140 *Ibid*., p 416.
141 *Ibid*., p.417.

2.3. Effets de la sanction pour le délinquant.

Aucune sanction pénale canonique n'exclut de l'Église et toute sanction pénale est plus bénéfique que maléfique pour le délinquant.

Le droit pénal canonique est pastoral. La culpabilité, le sentiment d'avoir commis un délit a une valeur structurante. Cette division intérieure de l'homme révèle l'écart entre l'être et le devoir-être.[142] Si nommer la faute apparait relever de la fonction d'enseignement de l'Église, la sanction est d'un apport important pour le délinquant :

De prime abord, elle est l'expression de la charité de l'Église pour le fidèle délinquant. C'est ce qui permet le professeur NDJONDJO de qualifier l'application des peines de service de charité.[143] En effet, le Christ ne condamne pas mais invite le pécheur à ne plus retomber dans sa faute. Ces considérations entrent en consonance avec une approche actuelle développée par Dominique le TOURNEAU : « La sanction demande à être rappelée et vécue dans la charité. Et un aspect de la charité consiste à reconnaître, respecter et protéger les droits des autres fidèles, c'est-à-dire, à aimer autrui dans tout ce qui constitue sa condition juridique dans la communauté ecclésiale. Nous pensons avoir montré ici en ce sens qu'il est possible d'agir de la sorte, en écartant l'épée de Damoclès de la tête des délinquants... »[144] La sanction pénale répond au besoin de l'auteur du délit d'avoir la miséricorde et la réprimande de l'Église (en latin qui indiget et misericordia et correptione ex parte Ecclesiae).[145] C'est

---

[142] *Ibid.*, p. 400.

[143] M.NDJONDJO, *L'application des peines dans l'Eglise famille de Dieu en R.D.Congo. Un service de charité...*, p.13.

[144] D. LE TOURNEAU, *Art. cit.*, p.173.

[145] FRANCOIS, *Constitution apostolique pascite gregem Dei...*, p. 1.

ainsi que *le délinquant a droit que cesse la peine qui le frappe lorsqu'il revient à résipiscence* (can.1358 §1).

En outre, la sanction rétablit la dignité du délinquant. Le délit est un péché ; et comme le péché entame et sape la dignité de l'homme en tant qu'image de Dieu, le délit sape, diminue et entache la vie chrétienne. La sanction légitimement encourue est un moyen de recouvrement de la dignité humaine qui a été comme diminuée par la commission de l'acte délictueux. La sanction réouvre la voie du salut que le délit essaye de fermer. Celui qui assume sa faute s'ouvre le chemin du pardon.

Art.3. FINALITE DE LA SANCTION

3.1. La justice

Le rétablissement de la justice est une des finalités de la sanction pénale canonique. Le délit affecte la relation avec Dieu (tout délit est un péché), autant qu'il trouble la relation avec les autres fidèles et hypothèque le témoignage ecclésial. Parce qu'il est un acte moralement mauvais, le délit entraîne le démérite de son auteur et la réprobation de la part des tiers. Il n'occasionne pas une récompense, mais expose à la sanction pénale. Cette séquence constituée, selon Borras, par le démérite, la réprobation et la punition se comprend dans une perspective rétributive : elle est un acte de justice.[146]

Le rétablissement de la justice dans l'Église ne consiste pas seulement à déclarer une sanction pénale au fidèle réputé délinquant ; elle consiste également à favoriser une plus grande communion dans l'Église et entre

---

[146] A. BORRAS, *Les sanctions dans l'Eglise. Commentaire des canons 1311-1399...*, p.81.

les fidèles. Ainsi celui qui été outragé sera reconnu comme victime et pris en compte comme tel.

De toute évidence, la sanction du délit par la peine est fondée sur la notion de la rétribution, selon l'adage classique *nulla poena sine culpa*. Cette peine en riposte au délit doit être juste et proportionnée à ce dernier. La rétribution ne peut en aucune façon se réduire à la vengeance ou à un simple acte d'apaisement des émotions populaires. Elle peut certes être afflictive mais elle comporte selon le droit un caractère privatif d'un bien spirituel ou lié au spirituel, notamment un droit subjectif ou simplement l'exercice de ce droit.[147]

Le rétablissement de la justice par cette contrainte exercée comme privation vise à sauvegarder, protéger ou défendre les valeurs que l'Église tient à promouvoir. C'est la responsabilité dévolue à l'ordinaire au canon 1311 §2 : *celui qui préside dans l'Église doit protéger et promouvoir le bien de la communauté elle-même et de chacun des fidèles avec charité pastorale...*

Être juste et rétablir la justice pour l'autorité, c'est appliquer la sanction pénale comme *extrema ratio* et lorsque la sanction s'impose. « C'est pourquoi, l'application de sanctions devient nécessaire de la part des pasteurs et supérieurs. La négligence d'un pasteur dans le recours au système pénal montre clairement qu'il ne remplit pas sa fonction avec justice et fidélité. »[148] Et parce que l'équité mérite d'être considérée comme la source de la vraie justice, dans le rétablissement de la justice, l'ordinaire et le juge tiendront compte de tout ce que la charité suggère et permet pour éviter la rigueur du droit, la rigidité de son expression technique.

---

[147] *Ibidem.*

[148] FRANÇOIS, *Pascite gregem Dei...*, p.2.

3.2 Réparation du scandale

La sanction pénale porte une finalité réparatoire. La prévision des peines expiatoires dans le code est un indice et une manifestation de la volonté du législateur d'obtenir la réparation des dommages causés par le délit dans l'Église. La réparation s'arrime avec l'expiation. La peine expiatoire doit être comprise dans le sens de la satisfaction ou de la compensation du mal commis. L'expiation est ainsi synonyme de réparation.[149] Cela autorise à parler de la finalité réparatoire des peines dans la mesure où elles tendent principalement ou, pour mieux dire, directement, c'est-à-dire en premier lieu, à la réparation du délit et de ses dommages.[150] C'est dans ce contexte que le code pio-bénédictin affirme : « les peines vindicatives sont celles qui tendent à l'expiation du délit, de sorte que leur remise ne dépende pas de la cessation de la contumace du délinquant. » (Can. 2286 CIC 1917). Il sied de noter que la finalité médicinale n'est pas totalement absente des peines expiatoires. (Cf. can 1336 §2 CIC 1983).

Les différentes sanctions pénales visent à la fois la correction de l'auteur et la punition de l'acte délictueux ; mais les unes privilégient la correction de l'auteur du délit (peines médicinales), les autres se focalisent sur la réparation du délit (peines expiatoires). Cette double finalité aide à résorber les conséquences que le péché inhérent au délit a eues dans la vie théologale, ecclésiale voire sociale de son auteur.

La responsabilité personnelle de l'auteur du délit ou l'imputabilité appelle la réparation des dommages. Dans cette réparation, il y a le devoir de supporter la peine prévue par la loi, de compenser ou satisfaire le mal commis.

---

[149] A. BORRAS, *Les sanctions dans l'Eglise. Commentaire des canons 1311-1399...*, p.88.
[150] *Ibidem.*

Cette disposition compensatoire peut être spirituelle, matérielle ou physique.

Le canon 128 fait de la réparation des dommages causés par une action illicite avec dol ou faute, un principe général impératif. Quand la commission d'un délit a causé des dommages à des tiers, personne physique ou juridique lésée dans ses biens, dans ses droits ou dans sa bonne renommée, peut dans le cadre du même procès pénal invoquer son action contentieuse pour demander la réparation des dommages subis.[151] Le canons 1729 §1et 2, le canon 1596 §2, donnent les possibilités, la procédure et les limites d'une intervention de tiers dans un jugement *inter alios*.

3.3. L'amendement

Si le rétablissement de la justice et la réparation des dommages concernent le bien commun ou le bien public, l'amendement du coupable est une finalité qui concerne primordialement l'individu.[152] Si l'Église sanctionne lorsque le délinquant ne veut pas s'amender c'est pour le pousser à la conversion et non le contraindre à se convertir. Quand l'Église punit, elle met en situation de pénitence. Par ce moyen ultime, *extrema ratio*, qu'est la sanction pénale, l'auteur du délit ne peut plus éluder la question de la cohérence de son comportement avec la vocation sainte à laquelle il a été appelé (Eph 4, 1 ; 2Tm 1, 9). Il lui revient de se convertir et de résorber les conséquences de son acte dans la vie théologale, sociale et ecclésiale. Il en va de son bien, mais aussi, sinon tout autant du bien de l'Église ; car l'amendement effectif de l'auteur du délit restaure également la crédibilité de la communauté ecclésiale

[151] Cf. Commentaire du canon 1729, CIC/83.
[152] A. BORRAS, *Les sanctions dans l'Eglise...*, p. 106.

concernée.[153] Cette crédibilité restaurée contribue à promouvoir la communion ecclésiale.

La première étape de l'amendement est la prise de conscience de sa culpabilité. Toute prétention à la responsabilité éthique qui n'affronte pas le mal être déjà là, antérieur à la liberté, ne peut que s'enferrer dans le piège de l'autojustification.[154] Le péché n'est pas primordialement la réalisation d'actes que l'on peut qualifier de répréhensibles mais, en son essence, un refus de fonder sa vie sur les promesses de l'Écriture ou juridiquement, l'obstination dans la contumace. Selon Thénovot, « se reconnaitre coupable, c'est souvent se mirer dans l'autodépréciation, alors que se reconnaitre pécheur, c'est déjà se décentrer de soi pour se reconnaître objet d'un appel de Dieu que l'on a bafoué. Ainsi, le vrai sens du péché contribue à briser l'excès de narcissisme en aidant la personne à situer avec plus de vérité l'ampleur de sa faute. »[155]

Par conséquent, la sanction pénale imposée à un délinquant est un devoir de charité qui promeut la communion ecclésiale. Le pouvoir pénal canonique est lié non seulement à la nature sociétale *sui generis* de l'Église qui s'en sert pour atteindre ses fins propres mais aussi au fait que l'Église en tant que *signe et instrument de l'union intime avec Dieu et de l'unité de tout le genre humain* (LG 1), ne peut pas se servir de la législation civile pour assurer la communion ecclésiale ; elle doit user de son droit propre dans lequel la sanction pénale promeut et manifeste la miséricorde. Le droit canon, ou pour être spécifique, la sanction pénale au lieu d'étouffer la grâce et les charismes, reste dans l'Église un service de charité tripolaire : la charité à la communauté scandalisée, touchée par les

---

[153] A. BORRAS, *Dis-moi comment tu punis*, dans « L'année canonique » 1(2009), p.189.
[154] E. ALGIER-GIRAUX, *Art.Cit.*, p.419.
[155] *Ibidem.*

méfaits du délit et s'en réjouit de sa réprobation ; la charité à la victime qui a besoin de la reconnaissance qui prenne en compte sa douleur, sa difficulté à vivre voire le pansement de ses blessures. Et la charité à l'auteur du délit qui a besoin du salut, de la charité de la communauté et de sa dignité d'enfant de Dieu que le délit entame.

CONCLUSION

La justice pénale de l'Église ne se fonde pas d'abord sur son caractère sociétal, *Ubi societas ibi ius*, mais sur la nature sacramentelle de l'Église qui, selon le concile Vatican II, est mystère de communion (Cf. LG 1).[156] C'est pour réaliser la communion ou l'union intime avec Dieu et la communauté, en usant avec équité le pouvoir coercitif que l'Église sanctionne et non pour établir simplement un certain ordre social ecclésial. Le droit coercitif dont l'expression ordinaire est la déclaration ou l'infliction de la sanction pénale n'est usé à bon escient qu'en tant que moyen extrême du moins pour les peines *ferendae sententiae*.

Tout au long de ce travail, nous avons essayé d'analyser les différents éléments qui environnent la sanction pénale à la lumière du canon 1311§1 et 2.

Nous avons étoffé d'une structure ternaire le premier chapitre portant sur *le contexte historique du canon 1311*, pour fouiller dans le parcours constitutif de ce canon(qui n'avait qu'un paragraphe dans le code de1983 et possède déjà deux dans le livre VI réformé) les racines de la sanction pénale dans les Écrits néotestamentaires ; cette démarche avait pour objectif d'appréhender le visage pénal de l'Église dès les premières lueurs de sa trajectoire enrichissante dans laquelle le pouvoir pénal fut tantôt méconnu, tantôt inefficient tantôt plongé dans un juridisme qui a attisé un ressentiment anti-juridique. Il ressort que l'activité juridique y a évolué à pas tâtons et la sanction pénale a toujours fait partie intégrante de la vie de l'Église depuis la communauté primitive et remonte d'ailleurs à l'aube de l'aventure religieuse de l'homme. Dieu n'a pas laissé impuni l'égarement au jardin d'Eden. Le pouvoir pénal a évolué se constituant et se systématisant dans

---

[156] E. CORECCO, *Op. Cit.*, p. 83.

l'Église. Au moyen-âge, par exemple, les sanctions principales furent l'aggrave et la réaggrave.

L'environnement juridique était marqué par l'attention particulière portée sur la communauté ecclésiale dont la lutte pour son unité et la poursuite de ses fins à motivé tous les balbutiements dans l'organisation d'un ordonnancement pénal à travers les époques. Dans cette perspective, nous avons montré que le canon 1311 du livre VI réformé a pour arrière-fond historique le canon 2214 §1 et 2 du code pio-bénédictin qui, à son tour, est une émanation des canons du concile de Trente.

Au deuxième chapitre, nous avons relevé l'environnement juridique pré-pénal pour certifier que la sanction pénale n'est pas le fruit de l'émotion ou du bon vouloir de l'autorité. La sanction est le fruit d'un processus sotériologique dans lequel la charité, la miséricorde et la communion s'arriment avec la sanction.

L'usage des moyens pastoraux occupe une place prépondérante dans la règlementation des comportements qui énervent la discipline, perturbent l'ordre public et causent le scandale dans l'Église. La sanction, (sauf lorsque le droit veut qu'elle soit encourue *latae sententiae* et pour certains *delicta graviora*), demeure *extrema ratio* et non valide, si l'on escamote et se passe des moyens de sollicitude pastorale qui l'environnent. Ces moyens, s'ils sont usés en bon escient, produisent de manière plus adaptée les mêmes effets que la sanction sans imprimer une emprunte négative que peut laisser la sanction dans la vie du coupable et l'histoire de la communauté.

Ainsi, avant l'application d'une sanction pénale, le droit met à la disposition de l'ordinaire un dispositif constitué des moyens pastoraux dont le témoignage de vie, l'exhortation, la correction fraternelle et les remèdes pénaux à savoir la monition, la réprimande, le précepte pénal voire la vigilance (Cf. can.1339§1-5). L'application de ces différents moyens de sollicitude pastorale révèle dans la personne de l'ordinaire le visage de Dieu ‘’ qui veut non pas la mort du pécheur mais sa conversion » ; elle rapproche la figure du supérieur ecclésiastique de l'image de Jésus bon pasteur, venu non pas pour condamner le monde mais pour que le monde soit sauvé (Jn 10, 11). Le témoignage est lié à la sainteté ; exhorter, c'est jouer le rôle de l'Esprit Saint qui console, encourage, intercède et plaide. L'ordinaire joue ainsi un rôle trinitaire dans l'accompagnement des fidèles présumés délinquants. Par la correction l'ordinaire manifeste son devoir d'aider le fidèle à tenir dans le chemin de la sainteté.

La monition, la réprimande, le précepte pénal sont des remèdes pénaux incontournables et condition sine qua non à l'infliction d'une peine (can.1341).

Au troisième chapitre, nous avons assorti l'environnement juridique tripolaire dans la sanction pénale constituée de la communauté, la victime et le délinquant, en démontrant que la sanction pénale est dans la communauté ecclésiale un devoir de charité et une exigence de communion à répondre avec équité canonique.

La sanction pénale aide l'Église à préserver son identité, à veiller à l'unité du symbole de la foi, à rétablir la joie du vivre ensemble torpillée par le délit et à conduire les fidèles au salut. Elle promeut la communion, la sanctification commune et individuelle dans la communauté ecclésiale.

La sanction aide le délinquant à bénéficier la réprimande et la miséricorde de l'Église, respecter et protéger les droits des autres, se convertir, retrouver la dignité humaine, s'ouvrir à la voie du pardon et du salut, être rétablie dans la communion ecclésiale.

La victime obtient par la sanction, la justice restaurative, la guérison psychologique, le pansement de ses blessures, le rétablissement de la relation avec le délinquant par la voie du pardon.

BIBLIOGRAPHIE SÉLECTIVE

I. Sources scripturaires

1. *Bible de Jérusalem. La Sainte Bible traduite en français sous la direction de l'École biblique de Jérusalem.* Nouvelle édition revue et augmentée, Cerf, Paris, 1999.

II. Sources magistérielles

1. CONCILE OECUMENIQUE DE TRENTE (1545-1563), Conc. Trid., sess. XIII, De ref., cap. 1.
2. CONCILE OECUMENIQUE VATICAN II (1962-1965), *Edition intégrale définitive,*
   -Constitution dogmatique de Ecclesia (Lumen Gentium), 21 novembre 1964, Cerf, Paris, 2012.
   - Constitution dogmatique de divine revelatione (Dei Verbum), 18 novembre 1965.
3. JEAN PAUL II, *Constitution apostolique Sacrae disciplinae leges* du 25/01/1983 (A.A.S., vol. LXXV, pars II, 1983, p.XIII).
4. FRANÇOIS, *Constitution apostolique Pascite gregem Dei* du 01 juin 2021 (AAS 2021).
5. IDEM, *Message pour la journée mondiale des missions 2013, Du Vatican*, le 19 mai 2013, solennité de la pentecôte.
6. IDEM, *Audience générale du mercredi 03 novembre 2021, salle Paul VI,* Vatican 3novembre 2021.
7. IDEM, *Droit pénal : un équilibre entre la justice et la miséricorde 93e Année judiciaire,* 12 mars 2O22 fr.zenit.org consulté le 04/05/2023 à 12h19.
8. IDEM, *Exhortations apostolique post-synodale Amoris laetatia*, 8 avril 2016.

9. IDEM, *Discours à l'inauguration de l'année judiciaire du Tribunal de l'Etat de la Cité du Vatican,* Samedi 12 mars 2022.
10. CONGRÉGATION POUR LA DOCTRINE DE LA FOI, « Normae de delictis congregationi pro doctrina Fidei reservatis seu normae de delictis contra fidem nec non de gravioribus delictis », AAS 102 (2010), p.419-434.

III. Sources canoniques

1. CODE DE DROIT CANONIQUE DE 1917, *Codex iuris Canonici, Pii X pontifificis maximi Iussu, disgestus BENEDICTI PP XV autoritate promulgatus*, 27 mai 1917, in AAS IX (1917), Pars II.

2. CODE DE DROIT CANONIQUE DE 1983, *Bilingue et annoté 4è édition enrichie de concordances avec le Code des canons des Églises orientales Mise à jour avec les réformes législatives (notamment les m.p. omnium in mentem, Mitis Iudex Dominus Iesus, Mitis et Misericors Dominus, De concordia inter Codices) et de nouveaux Appendices. Sous la direction de E. CAPARROS, et T. Sol. Avec la collaboration de J.I. ARRIETA*. Montréal, Wilson & Lafleur Inc., 2018.

IV. ouvrages

1. AUGUSTIN, *Traité du libre arbitre. Traduction par l'abbé Defourny et abbé Raulx*, L. Guérin & Cie, Chamonix,1864.

2. BORRAS, A., *Les sanctions dans l'Église. Commentaire des canons 1311-1399*, Tardy, paris, 1990.

3. CORECCO, E., *Théologie et droit canon. Écrits pour une nouvelle théorie générale du droit canon*, Fribourg, 1990.
4. DE CERTEAU, M., *La formation des pratiques. Du système religieux à l'éthique des lumières (XVIIe – XVIIIe siècles),* Gallimard, Paris, 2002.
5. FOREY, E., *État et institutions religieuses. Contribution à l'étude des relations entre ordres juridiques,* Strasbourg, 2007.
6. GAUDMET, J., *La formation du droit canonique et le gouvernement de l'Église de l'Antiquité à l'âge classique*, Strasbourg, 2008.

7. KILUMBY MAYIMBY, J-M, *Participation au munus regendi et à la potestas regiminis de l'Evêque diocésain. Institutions canoniques personnelles et obligatoires de collaboration*, Mediaspaul, Kinshasa,2017.
8. LEMESLE B., (Dir*) Le modèle du bon pasteur : l'Évêque dans la chrétienté occidentale (seconde moitié du XIIe siècle) in société des historiens médiévistes de l'Enseignement supérieur public. Apprendre, produire, se conduire : le modèle au moyen-âge*, Éditions de la Sorbonne, Paris, 2015.
9. NDJONDJO NDJULA K'ASHA, M., *L'application des peines dans l'Église famille de Dieu en R.d.Congo. Un service de Charité*, PUCC, Kinshasa, 2013.
10. RICHER, E., *La lumière montre les ombres : crise d'efficience et fondements du droit pénal de l'Église : essai d'analyse au regard du canon 1311 du CIC-1983 et la loi suprême de la salus animarum*, presse universitaire de l'Institut catholique de Toulouse, 2017.
11. RORDORF W., et TUILLIER, A., *La doctrine des douze apôtres ou Didachè,* Cerf, Paris, 1998.
12. PARALIEU, R., *Petit guide du nouveau code de droit canonique,* Tordy, Paris, 1983.

13. URRUTIA, J.F., *Les normes générales. Commentaire des canons 1-203*, Éditions Tardy, paris, 1994.

V. Articles des Revues

1. ALGIER-GIRAULT, E., *Procès pénal canonique, enjeu ecclésial de vérité et de guérison,* dans « Revue des sciences religieuses 3(2016), pp.403-421.

2. BOKWANGA MOLAKU, S., *pour une prise en charge matérielle des clercs frappés de peines canoniques,* dans « R.A.D.C., n° 7 hommages aux professeurs Mgr Masengo Valentin et Abbé Kamangala Robert, (juin 2019), PUCCKinshasa,1919.

3. BORRAS, A., *Un nouveau droit pénal canonique* ? dans « NRT » 143(2021), pp. 636-651.

4. BORRAS, A., *Rôle et signification du droit canonique dans la pastorale*, dans « Revue Théologique de Louvain » 3 (2009), pp. 359-380.

5. BORRAS, A., *Dis-moi comment tu punis*, dans « L'année canonique » 1(2009), pp.185-193.

6. DANTO, L., *Doctrine et exhortation post-synodale Amoris Laetitia*, dans « Revue d'éthique et de théologie morale 294 (2017), pp.49-64.

7. ECKERT, R., *Peine judiciaire, pénitence et salut entre droit canonique et théologie (XXe s.-début du XIIIe s.)*, dans « Revue de l'histoire des religions » 4(2011), pp.483-508.

8. FARES, D., *L'odeur du pasteur. La figure de l'Évêque selon le pape François,* dans « Nouvelle revue théologique » 1(2016), pp. 23-39.

9. FRANSEN, G., *Le nouveau code de droit canonique. Présentation et réflexion,* dans « Revue théologique de Louvain » 3 (1983), pp. 275-288.
10. GARRAUD, R., *Les divers types de procédure pénale, dans «* Traité théorique et pratique d'instruction criminelle et de procédure pénal*e »,* Sirey, Paris, 1907.
11. GONCALVES, B., *La survivance du droit pénal Pio bénédictin dans le code latin de 1983,* dans « L'année canonique » 1(2017), pp.161-182.
12. JOUBERT, T., *La responsabilité canonique de l'Eglise en matière pénale. Regard historique, des temps apostoliques jusqu'à la chute de Rome,* dans « L'Année canonique », 1(2009), pp. 237-252.

13. KONDRATUK, L., *Les délits et les peines dans le droit canonique du 16e siècle*, dans « Religion et science » 8 (2009).

14. MAYALI, L., *Justicia et misericordia dans les œuvres des décrétistes et décrétalistes (XIIe -XVe siècles),* dans « Annuaire de l'Ecole pratique des hautes études (EPHE), Section des sciences religieuses, 126(2019), p.339.
15. LE TOURNEAU, D*., L'interprétation du droit fondamental des fidèles à être jugés selon le droit (C.221§3),* dans « Forum canonicum », 7(2012), pp. 155-173.
16. TOXE, P., *Considérations canoniques sur deux affaires médiatisées de censures ecclésiastiques : les évêques lefebvristes et l'avortement de Recife*, dans « l'Année canonique », 1(2009), p.3.
17. WENZEL, E., *La religion et le sens de la peine : aux origines théologiques de la peine de prison*, dans « Revue du droit des religions » 12 (2021) pp.163-173.

VI. Dictionnaires et encyclopédie

1. DIDEROT, D., et D'ALAMBERT, J., *Encyclopédie ou dictionnaire raisonné des sciences, des arts et des métiers,* 1re édition Tome 10, Paris, 1751.

2. NAZ, R., (Dir), *Dictionnaire de droit canonique contenant tous les termes du droit canonique avec un sommaire de l'histoire et des institutions et de l'état actuel de la discipline, Tome 1*, Letouzey et Ané, Paris, 1993.
3. WERCKMEISTER, J., *Petit dictionnaire de droit canonique*, cerf, Paris, 1993.

VII. Webographie
1. *Dictionnaire de politique, toupie dictionnaire*, www.touie.org, consulté le 05 mars à 15h49.

2. www.*croirepubication.com les cahiers de l'école pastorale*, consulté le 21 mars 2023 à 13h28.
3. Https://*cours-de-droit.net/justice-église-moyen-âge,* consulté le 12 mars 2O23 à 11h6.
4. A. BAMBERG, *Les sanctions pénales dans l'Eglise. À propos du live VI révisé.2021.* https://hal.science/hal-03387910, consulté le 18 avril 2023 à 10h04.
5. www.*ktotv.com Lutte contre les abus : des repères essentiels publié le 12/12/2022, consulté le 13 mai 2023 à 16h10.*

Table des matières

Structures éditoriales du groupe L'Harmattan

L'Harmattan Italie
Via degli Artisti, 15
10124 Torino
harmattan.italia@gmail.com

L'Harmattan Hongrie
Kossuth l. u. 14-16.
1053 Budapest
harmattan@harmattan.hu

L'Harmattan Sénégal
10 VDN en face Mermoz
BP 45034 Dakar-Fann
senharmattan@gmail.com

L'Harmattan Cameroun
TSINGA/FECAFOOT
BP 11486 Yaoundé
inkoukam@gmail.com

L'Harmattan Burkina Faso
Achille Somé – tengnule@hotmail.fr

L'Harmattan Guinée
Almamya, rue KA 028 OKB Agency
BP 3470 Conakry
harmattanguinee@yahoo.fr

L'Harmattan RDC
185, avenue Nyangwe
Commune de Lingwala – Kinshasa
matangilamusadila@yahoo.fr

L'Harmattan Congo
219, avenue Nelson Mandela
BP 2874 Brazzaville
harmattan.congo@yahoo.fr

L'Harmattan Mali
ACI 2000 - Immeuble Mgr Jean Marie Cisse
Bureau 10
BP 145 Bamako-Mali
mali@harmattan.fr

L'Harmattan Togo
Djidjole – Lomé
Maison Amela
face EPP BATOME
ddamela@aol.com

L'Harmattan Côte d'Ivoire
Résidence Karl – Cité des Arts
Abidjan-Cocody
03 BP 1588 Abidjan
espace_harmattan.ci@hotmail.fr

Nos librairies en France

Librairie internationale
16, rue des Écoles
75005 Paris
librairie.internationale@harmattan.fr
01 40 46 79 11
www.librairieharmattan.com

Librairie des savoirs
21, rue des Écoles
75005 Paris
librairie.sh@harmattan.fr
01 46 34 13 71
www.librairieharmattansh.com

Librairie Le Lucernaire
53, rue Notre-Dame-des-Champs
75006 Paris
librairie@lucernaire.fr
01 42 22 67 13

www.ingramcontent.com/pod-product-compliance
Lightning Source LLC
LaVergne TN
LVHW021237061026
849535LV00008B/3102